Ein Männlein steht im Walde …

Mathias Wünsche wurde 1957 in Köln geboren. Nach dem Studium der Sozialpädagogik arbeitet er heute seit über zwanzig Jahren in der Kinder- und Jugendhilfe in Köln. Neben seiner Autorentätigkeit ist er erfolgreich als Musiker und Komponist unterwegs.
www.mathiaswuensche.de

Dieses Buch ist ein Roman. Handlungen und Personen sind frei erfunden. Ähnlichkeiten mit lebenden oder toten Personen sind nicht gewollt und rein zufällig.

MATHIAS WÜNSCHE

Ein Männlein steht im Walde …

KÖLN KRIMI

emons:

Bibliografische Information der Deutschen Nationalbibliothek
Die Deutsche Nationalbibliothek verzeichnet diese Publikation
in der Deutschen Nationalbibliografie; detaillierte bibliografische
Daten sind im Internet über http://dnb.d-nb.de abrufbar.

© Emons Verlag GmbH
Alle Rechte vorbehalten
Umschlagmotiv: photocase.com/gb-photodesign.de
Umschlaggestaltung: Tobias Doetsch
Gestaltung Innenteil: César Satz & Grafik GmbH, Köln
Lektorat: Martina Dammrat, Köln
Druck und Bindung: CPI – Clausen & Bosse, Leck
Printed in Germany 2015
ISBN 978-3-95451-491-5
Köln Krimi
Originalausgabe

Unser Newsletter informiert Sie
regelmäßig über Neues von emons:
Kostenlos bestellen unter
www.emons-verlag.de

Schwere See, die Wellen schlagen hoch.
Schwere See, wenn ich wieder in die Knie geh,
du bist mein Leuchtturm, wenn ich das Land nicht seh,
schenkst mir das Licht, das all die Dunkelheit durchbricht.

aus: »Leuchtturm«, M. Wünsche

EINS

Köln, an einem Sonntagabend im Mai in den zwanziger Jahren
Maifest auf den Poller Wiesen

Sie wehrt sich nicht mehr, hat einfach aufgehört, sich zu wehren. Einfach so, mit einem Mal. Sie liegt da, starr, in dem Wohnwagen auf den rauen Holzdielen, ihre Arme wie bei einer Kreuzigung ausgestreckt. Den langen grauen Rock hat er ihr bis zum Kinn nach oben geschoben und ihre Scham entblößt.

Sinnlos. Sinnlos, das verzweifelte Umsichschlagen, sinnlos das Kratzen, das Beißen, das Flehen. Alles erscheint ihr plötzlich völlig verrückt. So als habe sie den Faden, der sich durch ihr Leben zog, verloren. Sie spürt, sie gehört ab jetzt nicht mehr in diese Welt.

Der schwere Körper drängt sich stöhnend zwischen ihre Beine ... sie dreht ihren Kopf zur Seite, will ihm nicht ins Gesicht, nicht in die Augen sehen.

Dabei hatte sie geglaubt, einer Krankenschwester könnte so etwas nicht passieren. Wie töricht! Als ob ihre Tracht, ihre weiße Schürze, ihr weißes Häubchen, sie vor dem hier beschützen könnte.

Warum nur? Warum musste sie nach der anstrengenden Arbeit im Spital noch unbedingt auf den Rummelplatz? Sie war doch müde gewesen. Das hatte sie doch auch der Oberschwester gesagt. Müde, weshalb sie heute auch so ungeschickt gewesen war. Hatte den Eimer mit dem schmutzigen Putzwasser umgestoßen. Warum war sie von Kalk nicht direkt nach Hause gegangen? Sie war doch schon auf der Rheinallee gewesen. Warum hatte sie innegehalten, sich umgedreht? Warum war sie schließlich heruntergelaufen, zu den Poller Wiesen? Ja, sie hatte Musik gehört und laute, fröhliche Stimmen. Aber ihre Mutter machte sich doch immer so große Sorgen, wenn sie herumtrödelte. Sie wusste das! Und warum hatte sie sich ansprechen lassen, von diesem Mann? Sie kannte ihn nicht.

»Na, schönes Fräulein, wie ist denn der werte Name?«, hatte er gefragt. Und sie hatte geantwortet: »Theresa.« Und er hatte gelacht und gesagt: »Na, Theresa, darf ich dich ein bisschen über den Platz führen?« Und sie hatte genickt und ließ es sich gefallen, dass er seinen starken Arm um ihre Schultern legte. Sie protestierte auch nicht, als er sie an sich drückte. Nein, sie fühlte sich auf eine ihr fremde Weise sicher und beschützt.

Ein wohliger Schauer durchfuhr sie. Dicht drängten sich die Menschen vor den Fahrgeschäften und vor den Buden. Aber er sorgte dafür, dass sie nicht angerempelt oder gar belästigt wurde. Er führte sie von einer Attraktion zur nächsten. An jeder blieben sie stehen, und Theresa bestaunte das Riesenrad, die Kettenflieger und die laut dahinratternde Raupe. Und sie schüttelte jedes Mal heftig den Kopf, wenn er sie fragte, ob sie denn nicht Lust habe, auf irgendwas mitzufahren. Sein lautes, belustigendes Lachen gefiel ihr.

Als sie, angezogen vom süßen Duft, vor dem Wagen der Konditorei »Cremann« standen, musste er ihren sehnsüchtigen Blick bemerkt haben. All die Leckereien, die Schokolade, die Honigkuchen und die Eiswaffeln. Wie lange hatte sie solches Naschzeug nicht mehr gekostet. Seitdem der Vater im Krieg geblieben war, musste Mutter mit dem wenigen Geld, das sie beide verdienten, streng haushalten. Da blieb kaum was übrig für etwas außer der Reihe.

Er zwinkerte ihr zu und kaufte ihr ein Tütchen gebrannte Mandeln. Ganz langsam hatte sie die Süßigkeit zerkaut, und es war ihr beinahe wie ein kleines Wunder vorgekommen, dass ausgerechnet ihr aus heiterem Himmel so viel Glück beschieden war. Ja, zu diesem Zeitpunkt war sie sich sicher, dass Gott es gut mit ihr meinte. Und als er sie nach einer Weile fragte, ob sie seinen Wohnwagen sehen wolle, hatte sie lachend zugestimmt.

Sie sah das große glänzende Messingschild, das über dem Fenster an der Holztür prangte, und las stumm den Namen der Schaustellerfamilie, der dort mit schwungvoller Schrift eingraviert war.

Warum? Warum war sie mit ihm gegangen? Warum hatte sie ihren Weg auf der Rheinallee nicht fortgesetzt? Wäre sie weitergegangen, nichts von alledem geschähe jetzt. Ein sechzehnjähriges Mädchen gehört um diese Zeit nach Hause. – Wenn es ein anständiges Mädchen ist.

Nein, du bist kein anständiges Mädchen. Du bringst Schande über die Familie. Der stechende Schmerz lässt sie aufschreien, heiße Tränen laufen ihr übers Gesicht, und er stößt tiefer in ihren Leib. Musik dringt an ihr Ohr. Die Drehorgel, ganz in der Nähe, spielt ein altes Kinderlied. Theresa liebt dieses Lied, kennt den Text, und sie summt leise zur Melodie:

»*Ein Männlein steht im Walde, ganz still und stumm.*
Es hat vor lauter Purpur ein Mäntlein um.
Sagt, wer mag das Männlein sein,
das da steht im Wald allein,
mit dem purpurroten ...«

★★★

Neun Monate später

Das Kind. Es schreit. Mit dem Messer durchtrennt sie die Nabelschnur. Überall das Blut. Auf ihren Schenkeln, ihrem Bauch. Auch auf dem Laken und dem Plumeau. Und es fließt weiter aus ihr heraus. Theresa drückt noch mehr Leinentücher auf ihren Schoß, die sich sogleich rot färben. Das viele Blut. Noch immer hält sie das Messer in ihrer Hand.

Worauf wartet sie denn noch? Was hält sie ab? Sie sieht auf das blutverschmierte strampelnde Etwas neben sich.

Dann hebt sie den Kopf, ihr Blick bleibt für einen kurzen Moment am Fenster hängen. Eisblumen haben sich innen an den Butzenscheiben gebildet und trotzen den ersten Sonnenstrahlen des Tages. Über Nacht ist die letzte Kohle in dem schmalen Ofen verbrannt, und rasch hat sich die Kälte in dem Mansardenzimmer ausgebreitet. Zimmer und Bett teilt sie sich mit ihrer Mutter, die bereits im Morgengrauen aus dem Haus ist. Ihre Stelle als Waschfrau bei einer angesehenen Kölner Apothekerfamilie befindet sich unweit vom Dom, und für den Fußweg dorthin braucht sie von Poll aus fast eine Stunde.

Ihre Mutter hat seit der Sache im Mai nur noch das Nötigste mit Theresa gesprochen. Regungslos hatte sie dagesessen, an jenem Abend im Mai, während die Tochter weinend vor ihr auf die Knie gefallen war. Theresa hatte sich so gewünscht, die Hand der Mutter auf ihrem Kopf zu spüren. Hatte sich nach ihrer tröstenden, liebevollen Hand gesehnt. Doch Mutter hatte bloß auf diesem Stuhl gesessen. Ihr Gesicht wie versteinert, ihre Arme vor der Brust verschränkt. Sie hatte einfach nur dagesessen, ohne ein Wort zu sagen. Theresa war schließlich vor lauter Erschöpfung auf dem Fußboden eingeschlafen, und als sie mitten in der Nacht wach wurde, sah sie im Schein des Mondes ihre Mutter im Bett liegen. Theresa hatte sich nicht getraut nachzusehen, ob sie tatsächlich schlief, auch wagte sie es nicht, sich neben sie zu legen. So schlief sie da, wo sie war, wieder ein.

Am nächsten Morgen sagte ihre Mutter, dass sie, sollte in ihrem Leib jetzt etwas heranwachsen, sich für diesen Bastard nicht den Buckel krumm arbeiten werde. Das war das Letzte, was sie in dieser Sache zu Theresa gesagt hatte.

Das Schreien wird lauter und holt sie zurück. Theresa starrt auf das Messer in ihrer Hand. Dann auf das Kind. Ein Junge!, schießt es ihr durch den Kopf. Es ist ein Junge! Sie legt das Messer beiseite und flüstert: »Egal, in was für eine Welt du auch hineingeboren bist: Ich bin deine Mutter, und du bist mein Männlein.«

✳✳✳

Sechzehn Jahre später

»Werde ich ihn heute sehen?« Seine Stimme, hell und hoch, lässt sie innehalten. Deutlich hört sie die Erregung heraus, die seine Frage färbt.

An der Tür stehend, dreht sich Theresa um, schaut ihm in die wasserblauen Augen. Dieser traurige Blick! Dieser Blick, angeboren, der viel mehr sagt, als es Worte jemals auszudrücken vermöchten, hatte nie aufgehört wehzutun.

Theresa streicht ihm sanft über die dunklen Locken. Wie ein Engel sieht er aus. Ein zarter kleiner Engel. Nein, er hat keine Ähnlichkeit mit seinem Vater. Hat nichts gemein mit ihm. Mit seinen langgliedrigen Händen bedeckt er sein Gesicht, so wie er es immer tut, wenn er sich schämt. Und er wiederholt seine Frage:

»Werde ich ihn heute sehen, Mutter?« Eine Stimme wie die eines Kindes.

»Vielleicht«, antwortet sie leise. »Aber wirst du es genauso machen können, wie wir es besprochen haben? Bist du schon dazu bereit?« Der Junge nimmt die Hände herunter und blickt sie von der Seite an.

»Ja, Mutter, das bin ich«, erwidert er. »Und ich werde alles genau so machen, wie du es mir gezeigt hast. Ich bin bereit!«

Unzählige Menschen bevölkern den Rheinpark. Das warme Maiwochenende sorgt dafür, dass die Kirmes gut besucht ist und dass es in den Kassen der Schausteller und Moppenbuden-Besitzer klingelt. Etwas abseits, auf einer kleinen Anhöhe, bleiben sie kurz stehen und blicken von dort auf das Treiben. Theresa spürt, wie die Hand ihres Sohnes in ihrer feucht wird. Sie weiß um seinen Blick und schüttelt stumm den Kopf. Sie ist seit damals nicht mehr auf einem Rummel gewesen. Natürlich hat sie die Bilder nie aus ihrer Seele verbannen können. Jede Einzelheit ist immer gegenwärtig. Doch was sie jetzt sieht, nimmt ihr die Luft.

Nein, es hat nicht an diesem Ort stattgefunden. Es sind nicht die Poller Wiesen. Aber es sind die gleichen Menschen wie damals. Menschen, die lachend vorübergehen, die scherzen, die sich vergnügen – während sie nur wenige Meter entfernt in einem Wagen auf dem Boden ...

Sie hatte ihn gesucht und hatte ihn gefunden. Sie wohnten auf einem Bauernhof in der Nähe von Longerich: er und seine Eltern und seine Geschwister. Im achten Monat schwanger war sie gewesen. Es war ihr nicht leichtgefallen, dorthin zu gehen, doch wollte sie ihm sagen, dass er bald Vater werden würde. Sie hatten sie beschimpft, hatten sie eine Lügnerin, eine Hure gescholten und vom Hof gejagt. Sie alle: er und seine Eltern und seine Geschwister. Wie ein Stück Dreck hatte sie sich gefühlt. Aber darin hatte sie ja mittlerweile Erfahrung.

»Mutter, was ist mit dir?«
»Nichts, mein Junge.« Sie wischt sich durchs Gesicht und schenkt ihm ein schmales Lächeln. »Es ist alles gut, mein Männlein. Lass uns nach unten gehen, zu den Leuten.«
Sie führt ihn durch die Menge, hält ihn dabei fest an der Hand und ignoriert eine Gruppe von Männern, die angetrunken und grienend Obszönitäten hinter ihr herrufen.
Theresa reckt ihren Kopf in die Höhe, versucht sich zu orientieren, schaut sich um. Unübersehbar das Riesenrad. Da das Pferdekarussell. Und da der Kettenflieger. Ja, und da stehen sie, etwas abgelegen und doch schnell zu erreichen: die Wohnwagen der Schausteller. Sie nickt dem Jungen zu.
»Ich hab sie entdeckt, Männlein!«
Er blickt sie an, mit fiebrig glänzenden Pupillen.
»Gehen wir jetzt dorthin?«, fragt er, wobei seine Stimme vernehmbar zittert.
»Noch nicht! Wir warten auf die Dämmerung«, antwortet Theresa und weist mit dem Kopf zur Reibekuchenbude.
»Um die Wartezeit zu nutzen, solltest du etwas essen. Du musst dich stärken. Komm!«
»Madam«, hört sie ihn fragen, »was kostet ein Reibekuchen?«
»Junge, für dich drei Groschen!«

ZWEI

Heute

Parker schlägt abrupt die Augen auf. Er liegt auf dem Rücken und braucht einen Moment, um zu sich zu kommen, sich zu orientieren. Braucht eine Weile, um zu verstehen, was ihn aus diesem unruhigen Schlaf gerissen hat.

Der Druck in seinem Schädel überlagert alle Synapsen und deren Signalübertragungen.

Oh Mann, geht's ihm scheiße! Hatte er nicht mal irgendwo gelesen, dass im menschlichen Gehirn einhundert Billionen von diesen Synapsen ihrer Arbeit nachgingen? Verdammt, und wo sind die jetzt gerade? Die können doch nicht alle abgesoffen sein! Bruchstückhaft setzen sich seine Erinnerungen allmählich wieder in die richtige Reihenfolge. Und es beruhigt ihn ungemein, dass es sich bei diesem pelzigen, Übelkeit verursachenden Etwas in seinem Mund nicht um einen Fremdkörper handelt, sondern um seine Zunge.

Ah, da war doch was, gestern Abend, im Stavenhof. Sein Geburtstag! Und er hatte die Jungs ins »Anno Pief« zum Reinfeiern bestellt. Nix Großes, hatte er erklärt. War ja kein runder.

Wie alt ist er jetzt? Moment!

Ja! Seit ein paar Stunden sechsunddreißig. Genau, jetzt bin ich wieder da. Von wegen nix Großes! Die finden einfach kein Ende. Allen voran sein bester Freund und Exkollege Jo Degen. Wie spät war es, als der Wirt sie beide aus der Kneipe gekehrt hatte? Keine Ahnung. Parker schließt die Augen.

Jo hatte ein Taxi auf dem Eigelstein angehalten und Parker aufgefordert, mit einzusteigen. Er hatte abgewinkt. So ein Quatsch, hatte er seinem Freund zugerufen, die paar Meter zu meinem Bett gehe ich zu Fuß.

Da! Da ist es wieder! Dieses Kratzen an der Tür!

Das Geräusch, das ihn so brutal aus dem Schlaf gerissen hat. Und nun dafür sorgt, dass ihm die Nackenhaare zu Berge stehen.

Was ist das? War er nicht allein in der Wohnung? Hatte er in der vergangenen Nacht jemand mit nach Hause genommen? Er schüttelt den Kopf und verflucht sich im selben Augenblick dafür. Zu schnelles und ruckartiges Bewegen kommt noch nicht gut.

Aber nein, so voll kann er gar nicht gewesen sein, dass er so eine Aktion vergessen hätte. Nein, es gab keine Frau gestern Abend und keine in der Früh!

Er hat schließlich keinen Filmriss, sondern höchstens ein paar einstweilige Gedächtnislücken und einen – mit hoher empirischer Wahrscheinlichkeit – heranwachsenden Kater ... Kater! Stimmt! Da war noch was. Da war ... das Handy! Parker stöhnt auf.

Er weiß, wer dran ist, und weiß auch, dass er rangehen muss. Mit größter Anstrengung bäumt er seinen Oberkörper auf, um sich dann seitlich fallen zu lassen. Der Klingelton treibt ihn an. Ja doch! Parker schiebt den rechten Arm über die Bettkante, um mit der Hand nach dem am Boden liegenden Handy zu suchen. Seine Finger tasten fast panisch über das Parkett. Ohne Erfolg.

Das Scharren an der Tür wird lauter. Das blöde Handy scheinbar auch. Wieder stöhnt er auf. Nee, es hilft nix. Er wuchtet sich aus der Seitenlage und wechselt, die Explosionen unter seiner Schädeldecke ignorierend, in die Sitzposition. Sein Kopf fällt vornüber, sodass die Kinnspitze das Brustbein berührt. Aber der Einsatz hat sich gelohnt. Er hört es nicht nur, nein, nun sieht er es auch!

»Hallo, Mama«, beginnt er und räuspert sich sogleich. Mist, seine Stimme klingt genau so, wie er sich fühlt.

»Na endlich, mein Junge!«, antwortet sie. »Ich hab es schon auf dem Festnetz versucht ... bist du krank?«

»Ähm, nein, Mama! Ich war gestern bloß ein bisschen feiern, mit ...«

»Ich wollte dir zu deinem Geburtstag gratulieren ...«

»Das ist ganz lieb von dir, ich bin ...«

»Liegst du etwa noch im Bett?« Hört er da einen leichten Vorwurf in ihrer Stimme?

»Ja, ähm, also ich hab gestern gefeiert …«

Jetzt ist es seine Mutter, die sich räuspert.

»… mit Jo und den anderen …«

»Junge, es ist kurz nach zwölf«, unterbricht sie ihn, und Parker schließt die Augen.

»Sag jetzt bloß nicht, dass du Watson noch nicht gefüttert hast! Du hast mir versprochen, dass du dich um ihn kümmerst, wenn ich in dieses Altersheim gehe. Das war die Abmachung!«

»Mama, du bist freiwillig dorthin«, protestiert Parker und versucht, das wieder lauter werdende Kratzen zu übertönen.

»Du wolltest nach Papas Tod nicht alleine sein, wolltest unter Menschen … du hättest mit deinen einundsiebzig auch gut und gerne noch einige Jahre zu Hause leben können … mit deinem Watson.«

»Das Haus war viel zu groß für mich allein, und das habe ich immer gesagt. Auch als dein Vater noch lebte. Er war damit einverstanden, dass ich es verkaufe, wenn er nicht mehr ist. Du wolltest es ja nicht. Und was soll ich mir irgendwo eine Wohnung nehmen und dort isoliert vor mich hin leben? Und ich bin froh über diesen Schritt. Ich bin vor zwei Wochen eingezogen und habe bereits jetzt netten Anschluss gefunden. Außerdem ist hier regelmäßig was los! Ausflüge und Tanzabende mit der Musikkapelle.«

Jaja, die neuen Alten. Es wird nicht mehr lange dauern und »Highway To Hell« wird den Speisesaal rocken. Und das war's dann für die Capri-Fischer.

»Hast ja recht«, bricht Parker das entstandene Schweigen. »Und ich kümmere mich auch sofort um den Kater, versprochen!«

»Kommst du denn heute vorbei? Ich hab doch noch was für dich.«

»Klar, Mama! Ich denke, ich werde in einer Stunde bei dir sein. Bis gleich!«

Er schmeißt sein Handy aufs Bett, atmet schwer aus und genießt den plötzlichen Moment der Ruhe. Dann setzt das Lärmen an der Tür wieder ein. Parker weiß dieses Scharren zu deuten. Hier geht es keineswegs um eine Art von Zuneigungsbekundung. Der Kater möchte nicht von Parker gekrault werden oder es sich gar auf seinen Schoß gemütlich machen. Im Gegenteil – er dreht sich jedes Mal um, sobald Parker den Raum betritt, und zeigt ihm demonstrativ sein Hinterteil. Nein, das Verhältnis zwischen ihnen ist klar: Watson mag ihn nicht, und er mag Watson nicht. So einfach ist das.

Bloß, dass der Kater nicht mit einem Dosenöffner umgehen kann.

★★★

Parker klemmt seine eins fünfundachtzig hinter das Steuer des roten 1995er MX5 und wirft das ausgepackte Geburtstagsgeschenk samt Papier und Schleife neben sich auf den Beifahrersitz. Er steckt den Schlüssel ins Schloss und überlegt, ob er das Verdeck aufklappen soll. Er blickt durch die Frontscheibe zum Himmel, knurrt enttäuscht, dreht den Schlüssel und startet den hunderteinunddreißig PS starken Motor des Roadsters. Dieser erste Mai lässt, was das Cabriofahren angeht, wettertechnisch noch einiges zu wünschen übrig.

Er schaltet in den Rückwärtsgang, und der kleine Sportwagen rollt aus der Parktasche. Ein kurzer Seitenblick auf die Seniorenresidenz Rodenkirchen, und Parker flüstert ein »Tschüss, Mama«, dann lenkt er den Roadster auf die Ringstraße.

Ja, er ist verärgert. Auch wenn er es sich nicht richtig eingestehen will. Eigentlich wundert er sich auch eher über sich selbst. Hätte man ihm vor nicht allzu langer Zeit gesagt, dass er ein Problem mit dem Liebesleben seiner Mutter haben werde, hätte er wohl laut gelacht. Doch er kann es nicht verhehlen: Es wurmt ihn, dass seine Mutter allem Anschein nach einen Verehrer hat. Was ja überhaupt nicht schlimm ist. Aber sie scheint es zu genießen! So lange ist Vater nun auch noch nicht unter der Erde. Zwei Jahre gerade mal! Dabei wollte er nur mal kurz seiner Mutter Hallo sagen. Immerhin hat er heute Geburtstag. Er wollte sich von ihr einen Kuss auf die Stirn geben lassen, sein Geschenk abholen und ein Stück Kuchen mit ihr essen. Was ja auch alles so war! Doch mit einem Mal stand da so ein weißhaariger rüstiger Rentner bei ihnen am Tisch, streckte die Hand aus und sagte:

»Guten Tag, ich bin der Heinz! Und du musst das Geburtstagskind sein, der Lou! Herzlichen Glückwunsch! Deine reizende Frau Mutter hat mir schon so viel von dir erzählt. Du bist also bei der Polizei …?«

Parker war gerade dabei gewesen, die Kaffeetasse zum Mund zu führen, blickte nun aber auf und ließ die Tasse wieder auf den Teller sinken. Er erhob sich, nahm die Hand und antwortete: »Ähm, ja, vielen Dank! Nein, ich bin nicht mehr bei der Polizei, ich … ich bin Privatdetektiv.«

»Wir duzen uns hier alle«, hörte er hinter sich seine Mutter mit leicht verstimmtem Tonfall sagen, »und es ist wirklich schade, dass du kein Beamter mehr bist. Die schöne Pension …« – »Mama!«, hatte er sie schroff unterbrochen. »Ich glaube nicht, dass das Herrn … ähm, Heinz interessiert!«

Parker versucht seinen Ärger abzuschütteln, indem er das Radio anmacht, in der Hoffnung, dass mal was Ordentliches herauskommt, und er hat Glück! Adeles Stimme schleicht sich an und erfüllt den kleinen Innenraum. *»This is the end. Hold your breath and count to ten.«* Parker dreht augenblicklich den Knopf nach rechts, die Boxen dröhnen, und er singt lauthals mit, als die Sängerin den epochalen Refrain anstimmt: *»Let the sky fall, when it crumbles, we will stand tall, face it all together at skyfall – at skyfall …«* Sein Handy vibriert in der Brusttasche. Parker unterdrückt einen Fluch und stellt das Radio leiser.

»Hallo, Jo!«, ruft er etwas zu laut in das Mobiltelefon. »Warum ich so schreie? Sorry, Adele sitzt gerade neben mir im Auto, und die röhrt immer so gewaltig. Und? Wieder auf den Beinen? Mir geht's blendend. Wie? Heute Abend? Passt mir gut! Wie kann ich da Nein sagen, wenn Marie mich sehen will und mir zu Ehren kocht? Ach, du wirst auch da sein! Hm? Na, ich komm trotzdem. Neunzehn Uhr? Super! Ich freu mich!«

Parker fährt in dem Moment in die Dagobertstraße, als Adele das endgültige Ende einläutet: *»Let the skyfall, we will stand tall,* *at skyfall – oh.«* Vor dem Altbau mit der Hausnummer 30 lenkt er den Wagen mit den rechten Vorder- und Hinterreifen auf den Bordstein und schaltet den Motor aus. Seine Laune hat sich erheblich aufgehellt. Erst Adele, dann die Einladung zum Essen und nun auch noch ein Parkplatz direkt vor der Haustür! Was will man mehr!

Er schließt leise summend die Wohnungstür auf und kassiert prompt den verächtlichen Blick von Watson, der wie in Beton gegossen im Flur sitzt. Für Parker hat der Kater Ähnlichkeit mit einem Piraten. Mit einem fetten Piraten! Nix Jack Sparrow! Und es fehlen bloß noch die Augenklappe und das Holzbein.

Parker geht vor Watson in die Hocke und fixiert ihn. Watson hält den Augenkontakt – ohne das geringste Blinzeln.

»Was ist, Alter«, zischt Parker, »ich hab heute Geburtstag, willst du deinem Herrn und Gebieter nicht gratulieren?«

Und es kommt so, wie es immer kommt: Der Kater erhebt sich betont langsam, dreht sich um, bleibt für einen Moment mit hoch gestrecktem Schwanz stehen, um dann schließlich gemächlich ins Wohnzimmer zu verschwinden.

***

Kaum hat Parker seinen Wagen vor dem Einfamilienhaus zum Stehen gebracht, setzt der Regen ein. Er greift rasch nach dem Frühlingsstrauß, wuchtet sich aus dem Sitz, schmeißt die Autotür zu und beeilt sich, zum Hauseingang zu kommen. Marie öffnet, noch bevor er seinen Finger auf die Klingel legen kann.

»Herzlichen Glückwunsch!«, begrüßt sie ihn mit einem strahlenden Lächeln, breitet die Arme aus und ruft: »Lass dich drücken!«

Parker lächelt zurück, antwortet: »Mit dem größten Vergnügen!«, und zwinkert seinem Freund Jo Degen zu, der jetzt schmunzelnd hinter Marie auftaucht und zur Begrüßung die Hand hebt.

Im Wohnzimmer nimmt Marie Parker die Blumen, mit den

Worten »Wie lieb von dir! Aber *du* hast doch Geburtstag!« ab und geht in die Küche.

»Hach, nicht der Rede wert«, ruft Parker hinter ihr her, »die standen so am Wegesrand!«

»Willst du ein Bier? Oder lieber einen Wein?«, fragt Degen.

Parker hebt die Hände vor die Brust und reißt die Augen auf.

»Nee, nee, lass mal! Weder das eine noch das andere! Die Resteverwertung vom gestrigen Abend ist noch nicht komplett abgeschlossen!«

»Jo, dann sei so gut«, sagt Marie, die sich wieder zu ihnen stellt, »und hol deinem angeschlagenen Freund eine Flasche Mineralwasser aus dem Kühlschrank. Wir können nämlich jetzt essen.«

Parker inhaliert den Duft, der von der Küche ins Esszimmer weht, tief durch die Nase.

»Was ist das denn, was da so gut riecht? Kommt mir bekannt vor.«

»Kleftiko«, antwortet Marie, »dir zu Ehren. Da wir ja wissen, dass du ein Griechenland-Fan bist! Das Fleisch hat Jo extra bei deinem griechischen Metzger in der Weidengasse gekauft. Lammhaxe. Kurz angebraten, mit einer scharfen Tomaten-Rosmarin-Soße, haben wir es vier Stunden bei kleiner Hitze im Backofen vor sich hin schmoren lassen. Dazu bekommst du Safranreis und einen griechischen Salat mit Oliven und Fetakäse. Na, was sagt der Griechenland-Experte?« Marie grinst ihn breit an.

»Dass Jo verdammt viel Glück gehabt hat!«, antwortet Parker, und er meint es genauso, wie er es sagt.

Sein langjähriger Kumpel kann sich in der Tat glücklich schätzen, eine Frau wie Marie an seiner Seite zu wissen. Knapp drei Jahre sind die beiden nun ein Paar. Auch wenn ihr Start alles andere als unproblematisch war. Jo hatte Marie kennengelernt, als sie sich in einer schweren Krise befand. Sie hatte sich damals auf eigenen Wunsch in psychiatrische stationäre Behandlung begeben. Jo war die ganze Zeit über für sie da. Am Anfang hatte es Parker ein wenig gekniffen, dass sein Freund nicht mehr

so häufig mit ihm um die Häuser gezogen ist. Die Zeiten vor Marie waren schon recht turbulent gewesen.
Männerfreundschaft halt. Blutsbrüder!

Jo und er lernten sich damals auf der Polizeischule kennen. Beide Anfang zwanzig, beide ohne rechte Vorstellung, wie es nach dem Abi weitergehen sollte. Beide hielten sich für Rebellen. Punkmusik und Filme von den Wachowski-Brüdern. »On the road« von Jack Kerouac war ihre Bibel, und sie hielten sich für die deutsche Ausgabe von Jack und Neal, vor allem dann, wenn sie mal wieder die Nacht zum Tag gemacht hatten. Am Morgen saßen sie dann mit kleinen Augen und mit einer Achterbahn im Kopf auf der Schulbank.
Polizei und Punk? Wie ging das zusammen? Was bei ihren Bekannten bloßes Kopfschütteln auslöste, verstanden Jo und er als Herausforderung. Sie wollten die Polizei reformieren. Wollten keinen Polizeistaat, der die Bürger überwachte, sondern wollten für mehr Gerechtigkeit sorgen. Ja, der Plan war, die Welt ein bisschen besser zu machen. Und es würde ihnen auch gelingen. Davon waren sie überzeugt. Was rückblickend vielleicht naiv anmutet, war damals ihre Anschauung und Triebfeder. Nach ihrem Studium kam der Praxisschock, und es begann die Wirklichkeit.
Sie waren beide im Dienstrang eines Kommissars unterwegs, beide bei der Kriminalpolizei. Zuständig für den Bereich Prostitution, Menschenhandel und Drogendelikte. Keine einfache Zeit, besonders zu Beginn ihrer Laufbahn. Sie hielten zusammen und beschützten ihre Ideale, so gut es eben ging. Dabei machten sie sich nicht nur Freunde.
Wie sagt Jo noch bis heute so treffend: »Wer im Dreck wühlt, bekommt nun mal schmutzige Finger!«
Und Dreck fand sich auch vor der eigenen Haustür. Was schon mal zu handfesten Auseinandersetzungen mit den Kollegen führte. Besonders Parker konnte seinen Mund häufig nicht halten und machte sich zunehmend unbeliebt. Er war einfach kein Leisetreter, besaß kein diplomatisches Geschick. Und als er einigen hohen Herrn zu häufig und zu fest auf die Füße

getreten war – Parker ermittelte gegen sie wegen des Verdachtes auf Sex mit Minderjährigen –, ließ man ihn kalt lächelnd über die Klinge springen. Die Falle wurde aufgestellt, und der finale Höhepunkt fand direkt und für jedermann sichtbar unter dem Eigelsteintor statt.

Parker stürzte hinein – und er fiel so tief, dass selbst sein Kumpel Degen ihm nicht mehr auf die Beine helfen konnte. Erst wurde er suspendiert. Dann wurde gegen ihn ermittelt. Degen versuchte in dieser Zeit alles, um seinen Freund zu entlasten. Er stellte eigene Ermittlungen an, stieß dabei aber recht schnell an seine Grenzen. Und auch er holte sich eine blutige Nase. Man versetzte ihn für ein Jahr in den Streifendienst. Danach konnte und wollte er nicht mehr zurück in sein altes Dezernat und wechselte stattdessen zur Mordkommission.

Hingegen war die Beweislage gegen Parker erdrückend. Parker musste seinen Dienst quittieren. Da war er zweiunddreißig.

Tja, und mit dem Rausschmiss verlor er auch Paula. Als sie eines Abends ihre Sachen packte und ging, fehlte Parker die Kraft, sie vom Bleiben zu überzeugen. Er konnte es ihr nicht verübeln, er hielt sich ja selber kaum noch aus. Parker war ganz unten aufgeschlagen, und außer Degen war keiner von seinen Freunden und Kollegen noch an seiner Seite.

»Hey, Lou«, sagt Degen schmunzelnd, »das fällt mir ja erst jetzt auf! Du siehst so verändert aus. Wie kommt es zu diesem modischen Experiment? Spontan weg von Blütenweiß und Dämonenschwarz, oder hast du etwa eine neue Klientin, die du beeindrucken willst?«

Marie lacht, und Parker schaut erst seinen Freund fragend an und dann, als Degen darauf zeigt, auf das Hemd.

»Das ist das Geburtstagsgeschenk von meiner Mutter«, gibt er maulend zurück. »Steht mir Grün etwa nicht?«

»Doch, doch«, antwortet Degen schnell. »Farbe ist nur so ungewohnt an dir. Du bist halt eher der Typ ›verdeckter Ermittler‹. Also bis auf deinen roten Flitzer, den mal ausgenommen.«

»Und das müsst ihr euch mal vorstellen«, erklärt Parker aufgebracht, nachdem er dem Verdauungsespresso drei Löffel Zucker zugeführt hat, »da stellte sich mir doch so ein Heinz vor, also der heißt so, und tut so, als gehöre er schon seit Jahren zur Familie!«

Parker starrt in die amüsierten Gesichter von Marie und Jo und bemerkt, dass er das Heißgetränk eine Spur zu geräuschvoll umrührt. Er legt den Löffel rasch auf die Serviette, führt die kleine Tasse vorsichtig an die Lippen und leert sie mit einem Schluck. Sogleich spürt er, wie sich die wohltuende Wärme in seinem Magen ausbreitet.

»Du solltest froh sein, dass deine Mutter so kontaktfreudig ist«, antwortet Marie. Und Jo schüttelt mit ungläubiger Miene den Kopf.

»Also«, sagt er, und es klingt leicht spöttisch in Parkers Ohren, »dass du so spießig bist, hätte ich wirklich nicht gedacht. In welchem Zeitalter lebst du denn? Sex im Alter sollte doch wohl kein Tabuthema mehr sein! Gönn deiner Mutter doch das Gefühl, begehrt zu sein. Oder wäre es dir lieber, sie würde sich einigeln?«

»Nein«, erwidert Parker gedehnt. Er hat mit einem Mal keine Lust mehr, weiter darüber zu sprechen. »Natürlich nicht. Und stimmt, es ist auch spießig, aber …«

Mit Erstaunen sieht Parker, wie sein Freund unvermittelt den Platz verlässt und ins Wohnzimmer geht. Er schaut Marie fragend an. Sie lächelt und zuckt mit den Schultern.

»Jo ärgert sich schon den ganzen Tag – aber nicht über dich!«

»Da hat sie recht!«, knurrt Degen, der wieder zurück an den Tisch kommt. Er wirft Parker die neuste Ausgabe des »Express« zu. Parker fängt sie und legt sie aufgeschlagen vor sich hin. »WAR ES EIN RITUALMORD?« schreit ihm die in schwarzen Blockbuchstaben gedruckte Schlagzeile entgegen. Parker blickt auf. Das Gesicht seines Freundes ist rot angelaufen. »Wenn ich diesen Vollidioten erwische, der das zu verantworten hat, dann vergesse ich mich!«

DREI

Parker leert seine Taschen aus, legt die Schlüssel und das Portemonnaie auf den Telefontisch im Flur und hängt seine Lederjacke an die Garderobe. In Gedanken ist er noch bei seinem Freund. Er kann Jos Ärger verstehen. Da hat ganz offensichtlich einer seiner Kollegen der Presse Insiderwissen weitergegeben, gegen Bezahlung vermutlich. Dabei ist das, was da vorgestern in Deutz passiert ist, eine echte Schweinerei. Wie krank muss man sein, so etwas zu tun. Er zieht die Schuhe aus und geht auf Socken ins Schlafzimmer. Unterwegs begegnet ihm Watson, der etwas ungelenk aus dem Wohnzimmer in Richtung Küche tappt.

»Na, du Faultier, hab ich dich aufgeweckt?«, ruft Parker hinter ihm her. »Oder treibt dich der Hunger in die Küche? Was? Ich versteh dich nicht! Ach, du sprichst nicht mit mir! Selbst schuld, wer nix sagt, bekommt auch nix ins Näpfchen!«

Parker knöpft sein Hemd auf und sieht aus dem Augenwinkel, wie Watson an ihm vorbeistolziert, um sich demonstrativ in den Türrahmen zu setzen. Der Kater beobachtet jede seiner Bewegungen, stumm und stoisch. Parker dreht sich zu ihm um.

»Tu bloß nicht so«, sagt er, »du kannst miauen, das habe ich schon mit eigenen Ohren gehört.« Parker steht da, mit halb aufgeknöpftem Hemd, und wartet. Es herrscht Stille. Kein Laut, weder von Mensch noch Tier. Nur das Ticken der Armbanduhr ist zu hören. Minuten vergehen. Dann der tiefe, schwere Seufzer von Parker:

»Also gut, du hast gewonnen, und ich bin der Trottel mit dem viel zu weichen Herz! Oh Mann, das darf echt nicht wahr sein, ich lass mich von einer fetten Miezekatze versklaven!«

Parker stürmt schnaufend an Watson vorbei in die Küche und erschreckt sich, als der Kater bereits vor seiner Schüssel auf ihn wartet.

»Hey, Dicker, wie haste denn das gemacht?« Antwort? Fehlanzeige! Alles was Parker zu hören bekommt, ist ein ausgiebiges Schmatzen, in das sich jetzt das Klingeln des Telefons mischt.

Parker schaut auf die Uhr – fünf vor zwölf –, ein Gratulant auf den letzten Drücker? Schnell hastet er in den Flur und hebt das Telefon von der Station.

»Parker!«

»Verdammt, Lou«, blafft ihn die raue Stimme unvermittelt an, »die Polizei war da! Eigentlich … verdammt … eigentlich wollte ich dir zum Geburtstag gratulieren … aber scheiße, es ist was passiert … du musst sofort zu mir kommen! Ich brauche dich. Jetzt! Irgendeine Drecksau hat Mike umgebracht. Hat ihn massakriert. Lou, ihm wurden die Eier abgeschnitten … Los, schwing deinen Arsch in dein Frauenauto und komm her!«

★★★

Sie hatten es getan. Gemeinsam. Nach all der Zeit hat er wieder gemordet. Dabei hatte er die Tradition nicht mehr fortsetzen wollen. Es war wider seine Überzeugung gewesen. Er bedeckt sein Gesicht mit beiden Händen. Sie fühlen sich kalt an. Er schließt die Augen. Dieser Wahnsinn muss ein Ende haben.

Es war leicht gewesen, und es war kaum Blut geflossen. Zumindest nicht am Anfang. So ist es fast immer. Nur wenn er mal ungenau zugestochen hatte, weil ihn irgendetwas abgelenkt hatte, schoss das Blut aus der Wunde. Selten, ganz selten, kam das vor. Schließlich weiß er, wie er das Stilett durch die Bauchdecke stechen muss, um die Aorta zu treffen.

Alles eine Frage der Technik. Es ist dabei nicht sehr viel Kraft vonnöten. Und das Blut, es strömt nach innen.

Immer gleich ist auch dieser ungläubige Gesichtsausdruck. Sie scheinen es nie zu fassen, wollen einfach nicht begreifen, dass sie sterben werden. Der Tod kommt innerhalb von nur dreißig bis vierzig Sekunden. Sie verstehen erst, wenn es bereits zu spät ist. Wenn die Kälte sie durchströmt, sie packt, sich ihrer bemächtigt. Er fragt sich, ob sie wissen oder ahnen, warum sie sterben müssen. Fragt sich, was sie in der Sekunde des Todes empfinden. Was sie wahrnehmen, was ihnen als Letztes durch den Kopf schießt.

Und was ist mit Gott? Wird er uns dafür bestrafen?

Es ist ganz leicht. Wenn er sich ihnen nähert, sind sie arglos. Und steht er zu ihnen in der richtigen Position, geht alles ganz schnell. Schwierig ist bloß, den Körper zu halten – tote Körper sind schwerer als lebende –, sodass sie nicht umkippen.
Nein, er hilft ihnen dabei, sich auf den Boden zu legen.
Sanft, auf den Rücken.
Manchmal zucken sie noch, müssen dann nach unten gedrückt werden, bis sie sich beruhigen. Das ist anstrengend.
Nicht so der Letzte, der verhielt sich wie die meisten. Der war verträglich, lag still und friedlich vor ihnen, und er konnte den Gürtel lösen und die Hose öffnen. Um den Schnitt sauber durchzuführen, muss die Hose ein Stück heruntergezogen werden. Dann kommt der unschöne Teil. Doch muss es sein! Das Teppichmesser mit der Hakenklinge, rasch geführt. Jetzt fließt Blut. Aber es schießt nicht heraus, es sickert mehr.
Wenn das Herz einmal aufgehört hat zu schlagen, wird auch kein Blut mehr durch die Venen gepumpt. Dennoch ist es ratsam, Gummihandschuhe zu tragen. Sie schützen die Hände vor dem Schmutz.

★★★

Jeanne Moreau! Parker muss jedes Mal an die französische Schauspielerin denken, wenn er ihr gegenübersteht. Gerade mal eins sechzig groß und zierlich. Sie trägt die ehemals brünetten Haare unverändert mit Seitenscheitel schulterlang. Ja, sie mag mit den Jahren ergraut sein, doch hat sie kaum an Attraktivität eingebüßt. Fein gezupft und absolut identisch, die schmalen Bogen über den dunklen Augen. Schwarz die Wimpern, schwarz und dünn der Lidstrich. Und rot der volle Mund. Ihre bevorzugten Kleidungsstücke sind Jackett und Bundfaltenhose, immer in schwarz. Dazu hochhackige Stiefeletten oder an warmen Tagen auch mal Pumps. Kein Schmuck, abgesehen von der Submariner aus Stahl an ihrem linken Handgelenk. Natürlich die für den Herrn.
Wie alt sie ist, vermag Parker nicht zu sagen. Er käme nicht im Traum darauf, sie danach zu fragen.

Für ihn, der in diesem Viertel rund um den Eigelstein groß geworden ist, war sie eigentlich schon immer da. Seine Eltern wohnten in einer Wohnung, die ihr gehörte. Sie besaß eine beachtliche Anzahl von Miethäusern auf dem Eigelstein und in der Weidengasse. Und in seiner Erinnerung war sie schon immer eine große Nummer gewesen. Und das über die Stadtgrenzen hinaus.

In den sechziger Jahren hatte sie einen schwerreichen Industriellen geheiratet. Vier Jahre nach der Hochzeit wurde ihr Mann entführt, und trotz der Zahlung einer sechsstelligen Lösegeldsumme fand man seine Überreste zwei Jahre später verscharrt im Königsforst.

Gerade mal vierzehn Tage darauf wurden an exakt derselben Stelle drei männliche Leichen von Spaziergängern entdeckt. Alle drei hatten mittig auf der Stirn ein Einschussloch. Wie die kriminaltechnische Untersuchung ergab, wurden die Schüsse aufgesetzt abgegeben. Eine Hinrichtung. Die Polizei konnte ihr nie etwas nachweisen.

Seitdem trägt sie im Viertel den Namen »Die schwarze Witwe vom Eigelstein«.

Bereits ein halbes Jahr später heiratete sie ein zweites Mal. Diesmal war es eine bekannte und gefürchtete Milieugröße. Enrico Gemma. Rico, der »der Italiener« genannt wurde, war fast dreißig Jahre älter als sie. Man munkelte hinter vorgehaltener Hand, sie habe ihn nur geheiratet, weil er sie beschützen könne. Immerhin musste sie um ihr Leben fürchten, nachdem die Entführer ihres Mannes tot aufgefunden worden waren. Rico starb im hohen Alter von sechsundneunzig Jahren. Unspektakulär – im Bett. An einem Herzinfarkt. Sie übernahm nach seinem Tod die Geschäfte und hat kein weiteres Mal geheiratet. Von Kindern hat sie nie gesprochen.

Parker kennt sie unter ihrem richtigen Namen, was eine große Ehre und eine Bürde zugleich ist. Von ihren Handlangern lässt sie sich nur mit »K« ansprechen, Parker darf Katharina zu ihr sagen. Offiziell ist sie im Im- und Export-Geschäft tätig.

Kennengelernt haben die beiden sich, da war er noch bei

der Polizei. Und als man ihm die Falle gestellt hatte, war sie es, die Schlimmeres verhinderte. Sie hatte ihn in jener Nacht beschützen lassen. Ihr Wort und ihre Leibwächter hatten sein Leben gerettet.

Parker fährt die Auffahrt hoch bis zu dem schmiedeeisernen Tor, das sich im selben Moment nach innen öffnet. Katharina erwartet ihn.

Das große Anwesen am Oberländer Ufer ist durch hohe Mauern und eine Videoanlage geschützt. An mehreren Stellen sind sichtbare, aber auch versteckte Kameras aufgestellt. Parker hatte Katharina vor zwei Jahren in Sachen Sicherheit beraten und die Anlage auf den neuesten Stand gebracht. Er parkt den Wagen direkt vor der breiten steinernen Treppe. Katharina steht bereits oben an der Tür und begrüßt ihn mit ihrer kräftigen Stimme und der abfälligen Bemerkung, die Parker jedes Mal von ihr zu hören bekommt.

»Lou, wann kaufst du dir endlich ein richtiges Auto? So eine Reisschüssel fahren nur Weibchen oder Schwule! Bist du schwul?«

Und Parker antwortet stets schulterzuckend mit dem gleichen Satz: »Ach, Katharina, das verstehst du nicht. Das kleine rote Auto lässt meine verschollene feminine Seite in mir aufleben.«

Parker folgt Katharina, die mit schnellen Schritten vorangeht, ins Arbeitszimmer.

Der schwere Duft der Marke »Opium« steigt ihm in die Nase. Auch typisch Katharina. Parker schaut sich um. Keine Menschenseele im Raum. Was aber keineswegs bedeutet, dass er mit ihr allein ist. Er ist sich sicher, dass er von der Sekunde an, in der er vor das Tor gefahren ist, von Katharinas Bodyguards gesehen und gehört wird. Eine unsichtbare und doch verlässliche Schutztruppe.

Sie greift nach dem Glas mit dem bernsteinfarbenen Inhalt und wirft Parker, der sich nun in den braunen Ledersessel setzt, einen fragenden Blick zu.

»Nein, nicht für mich, danke!«

»Was anderes?« Parker runzelt die Stirn und wundert sich, wie gefasst sie ist. Da hat jemand ihren Ziehsohn umgebracht, und sie behält die totale Kontrolle. Parker weiß nicht, ob er das bewundern oder verachten soll. Ist sie wirklich so abgebrüht? Er hat Mike gekannt. Ist ihm hin und wieder begegnet. Ein schlaksiger, jungenhafter Typ von Mitte zwanzig. Keiner von diesen halbgaren Gorillas, mit denen sich Katharina sonst so umgibt. Sie hatte ihn aus einem Urlaub mitgebracht. Voriges Jahr. Aus der Schweiz. Er hatte dort in dem Hotel als Animateur gearbeitet, in dem sie logierte. Parker mochte ihn irgendwie. Und er hatte geglaubt, dass Katharina ihn auch gemocht hat. So hatte sie ja auch am Telefon geklungen. Sie vermittelte Parker, dass sie bis ins Mark getroffen war. So außer sich hatte er sie noch nie erlebt. Das war keine Stunde her. Doch nun wirkt sie auf ihn fast schon kalt.

Abwesend schaut Katharina in ihr Glas, lässt den Whiskey darin kreisen, und Parker glaubt, ein Zucken ihrer Mundwinkel zu beobachten.

»Die wollten mich treffen!«, sagt sie kaum hörbar in die Stille hinein. Jetzt klingt ihre Stimme auf einmal brüchig, was Parker tief seufzen lässt. Okay, sie ist ein Mensch, stellt er erleichtert fest.

»Wer sind ›die‹?«, hakt der Privatdetektiv vorsichtig nach.

»Lou, was soll diese Frage?«, antwortet Katharina unwirsch. »Du kennst mich! Würde ich dich anrufen, wenn ich das wüsste?«

Natürlich nicht.

»Was sagt die Polizei?«

»Was die sagen, interessiert mich einen Scheiß! Ich will, dass du mir das Schwein bringst ...«

»So geht das nicht!«, unterbricht Parker sie und schnappt nach Luft. Katharinas flache Hand knallt krachend auf die Schreibtischplatte.

»Sag mir niemals, was geht und was nicht!«

Parker erhebt sich abrupt aus dem Sessel und geht einen Schritt auf sie zu.

»Katharina, ich werde dir helfen«, sagt er leise, beinah flüsternd, »und ich werde alles tun, um den oder die Mörder zu finden. Doch wenn ich das getan habe, werde ich die Polizei einschalten. Deine Rache in Ehren. Kann ich sogar gut verstehen. Aber ich halte nichts von Lynchjustiz. Und ich bin Privatdetektiv, kein Auftragskiller! Bei unserer Freundschaft: Nimm mein Angebot an oder such dir einen anderen.«

Den Blick, der ihn jetzt trifft, weiß Parker nicht zu deuten. Und plötzlich ist es wieder ganz still im Raum. Katharina blickt aus einem der hohen, bis zum Boden reichenden Fenster, wo das helle Licht der Außenbeleuchtung sich im Glas bricht. Er kann im Gegenlicht nur ihr Profil erkennen. Dann wendet sie sich wieder Parker zu.

»In Ordnung, Lou«, sagt sie ruhig und setzt sich, ohne ihn dabei aus den Augen zu lassen, hinter ihren Schreibtisch. »Ich gebe dir hier und jetzt zehntausend Euro und noch mal zwanzigtausend, wenn du die Mörder gefasst«, sie macht eine kurze Pause, »*und* der Polizei übergeben hast.« Parker will etwas erwidern, doch Katharina hebt den Zeigefinger und fährt fort: »Du hast für deine Ermittlungen genau einen Monat Zeit. Solltest du keinen Erfolg haben, bist du raus, und ich erledige die Angelegenheit auf meine Weise. Was ist, Lou, haben wir einen Deal?«

Parker verdreht die Augen und nickt. Er hasst solche Sprüche. Sie sind ihm eine Spur zu abgedroschen und theatralisch. Aber Katharina ist eine Freundin, und er kann das Geld gut gebrauchen.

»Wo und von wem wurde Mike gefunden?«

»Unten am Rhein, nicht weit vom Hotel Rheinblick. Ein junges Paar, was dort mit ihrem Hund spazieren ging, hat ihn in einem Gebüsch gefunden. Der Hund hatte angeschlagen ... Scheiße, Lou, Mike war nackt ... und ... sie haben ihn ... kastriert!«

Katharina starrt ihn an, und Parker sieht, wie ihre Augen nass werden. Es zuckt in ihm. Nein, er kann sich nicht erinnern, sie jemals so verletzt gesehen zu haben.

»Verdammt, Lou, wer tut denn so etwas Perverses?«

Parker schüttelt mitfühlend den Kopf.

»Ich werde versuchen es herauszufinden«, erwidert er. »Weiß man schon, wann es passiert ist?«

Katharina zuckt mit den Schultern und unterdrückt ein Schluchzen.

»Den genauen Zeitpunkt konnte mir die Polizei bisher nicht nennen«, antwortet sie. »Es muss aber am frühen Abend geschehen sein. Mike geht ... ging jeden zweiten Tag am Rheinufer joggen. Er hatte seine Strecke.«

»Wann ist er dann von hier los?«

»Gegen zwanzig Uhr. Mike lief ausgesprochen gerne durch die Abenddämmerung. Für ihn war das die beste Zeit zum Laufen. Wenige Radfahrer und noch weniger Typen auf diesen Inlinern. Im Winter trug er so eine Stirnlampe, damit er, wenn er die Rheinuferstraße überquerte, von Autofahrern gesehen wurde. Er sah albern mit dem Ding am Kopf aus.« Katharina hält einen kurzen Moment inne, räuspert sich in die Faust und trinkt dann einen großen Schluck Whiskey.

Parker schaut auf die Uhr und rechnet in Gedanken. Gleich zwanzig nach eins. Mike ist also keine sechs Stunden tot. Sein Magen krampft sich zusammen, als ihm klar wird, dass er zu diesem Zeitpunkt mit Jo und Marie beim Essen saß. Und ihm kommen wieder die »Express«-Schlagzeile und Jos Zorn in den Sinn.

Auch ohne die kompletten Fakten zu kennen, ist die Analogie der beiden Morde kaum zu übersehen. Läuft in Köln ein Serienkiller gerade Amok? Die Presse wird's freuen!

»Was denkst du?«

Parker macht eine wegwerfende Handbewegung. »Nichts«, lügt er, »nichts von Bedeutung.«

Er schaut an Katharina vorbei, auf das Gemälde hinter ihr. Ein Hundertwasser. Ein Original. »Lou, verkauf mir kein gebratenes Eis! Bei dir arbeitet doch was! Rück mit der Sprache raus!«

»Ach, Katharina«, stöhnt Parker auf, »das ist alles noch viel zu unausgegoren.«

»Spuck es aus!«

»Hast du von dem Mord auf der Deutzer Kirmes gehört?«

»Man hat mir davon erzählt, ja. Und natürlich drängt sich auch bei mir der Verdacht auf, dass die beiden Morde was miteinander zu tun haben. Entweder wurde Mike von einem Wahnsinnigen umgebracht, oder es steckt ein perfider Plan dahinter – dass es so aussieht, als sei es die Tat eines Einzelnen. Im Grunde ist es mir egal – ich will nur, dass die Schweine nicht davonkommen.«

Für einen Augenblick hallen ihre Worte in ihm nach. Dann: »Du hast eben gesagt, dass die dich treffen wollten. Wen meinst du mit ›die‹? Hast du einen Verdacht?«, hört er sich fragen. »Hast du in letzter Zeit jemandem zu hart gegen das Schienbein getreten?«

»Mein Gott, Lou!«, ruft sie aus und reißt die Arme hoch. »Lebe ich in einem Kloster? Bin ich eine Nonne? Obwohl, selbst die haben Feinde! Du weißt doch selber, wer und was sich mittlerweile so alles auf den Straßen tummelt. Da brauche ich noch nicht einmal die Russen-Mafia zu nennen. Das ganze kleine Kroppzeug tut es auch. Und das zu einem weitaus geringeren Preis. Ja, verflucht, ich pisse jeden Tag jemanden an. Egal, ob der nun ein Großer oder ein Kleiner ist. Und wenn die zurückpissen, *so what*! Diese ganzen Drohungen kann ich ab! Meine Güte, ich bin schon viel zu lange im Geschäft, als dass ich nicht wüsste, damit umzugehen. Doch Mike war meine Achillesferse. Glaub es oder lass es, doch ich habe gewusst, dass so was eines Tages passieren wird.«

»Wieso hast du ihm keinen deiner Jungs zur Seite gestellt?«

Katharina stöhnt und antwortet mit kaum gezügelter Gereiztheit: »Das wollte ich ja! Ich habe Mike angefleht, aber er hat mich nur ausgelacht. Ich bin fast verrückt geworden vor Sorge. Und er war wütend und drohte mir, mich zu verlassen, als er gemerkt hatte, dass ich ihn beschatten ließ. Versuch mal jemanden zu beschatten, der weiß, dass er beschattet wird! Nee, da war nix zu machen!«

»Hatte Mike Freunde in der Stadt? Hatte er sich mit irgendwem außerhalb deines Dunstkreises getroffen?«

Katharina schiebt ihre Hände wie ein Schutzschild über die Augen und schüttelt abweisend den Kopf.

»Er war nie ohne dich unterwegs? Hat sich immer nur in deiner Nähe aufgehalten? Mal abgesehen von seiner Lauftour?«

Die Hände immer noch vorm Gesicht, antwortet sie: »Doch ja! Er ist hin und wieder zum Shoppen los, mit Timo. Aber das war's auch schon. Freunde hatte er nicht. Mike hat ... hatte nur wenig Interesse an Kölns Nachtleben.«

Parker nickt verstehend – Timo, der Zwei-Meter-Mann, Bodyguard und engster Vertrauter von Katharina.

»Hast du ein Foto von Mike?«

Als der Privatdetektiv eine halbe Stunde später die Eingangsstufen hinuntergeht, fühlt er sich unendlich müde. Und die Müdigkeit ist nicht nur den Stunden, die er jetzt schon auf den Beinen ist, geschuldet.

Unten angekommen, hört er Katharinas Stimme: »Hey, Parker!«

Parker bleibt stehen, jedoch ohne sich umzudrehen.

»Was ich dir noch sagen wollte: Das mit dem Hemd ist ein absolutes No-Go! Furchtbare Farbe – Spinatgrün steht dir nicht!«

Parker nickt matt und hebt zum Abschied die Hand.

VIER

Die Nacht war wieder unruhig gewesen und viel zu kurz der Schlaf. Er hatte sich noch lange im Bett hin- und hergewälzt und war irgendwann nicht mehr in der Lage gewesen, zu unterscheiden, was Traum und was Realität war. Alles verhedderte sich ineinander. Und so war Parker am späten Morgen völlig gerädert aufgestanden und hatte sich erst mal unter die kalte Dusche gestellt.

Nun sitzt er vor seiner Kaffeetasse am Küchentisch, in der linken Hand hält er das Telefon, das sekündlich schwerer zu werden scheint, an sein Ohr und wartet.

Freizeichen. Er wartet. Trinkt einen Schluck. Und wartet. Trommelt mit den Fingern den Rhythmus eines Queen-Klassikers auf der Tischplatte und wartet. Schaut aus dem Fenster und stellt fest, dass die Scheiben lange keinen Putzlappen mehr gesehen haben. Missmutig blickt er sich um, sucht den Kater, während sich das Freizeichen in seinem Gehörgang breit- und breiter macht.

Mist, er hat vergessen, die Schlafzimmertür zuzumachen. Super, jetzt weiß er, wo Watson ist – auf seinem Kopfkissen! Parker springt auf, wird aber im selben Moment von der Stimme am anderen Ende der Leitung, die sich laut knurrend mit »Degen« meldet, wieder auf den Stuhl gedrückt. Und Parker ist augenblicklich klar, dass der Zeitpunkt für ein Schwätzchen mit seinem Kumpel kaum schlechter gewählt sein konnte.

»Ähm, hallo, Jo! Bist du im Stress?«

»Hast du eine Ahnung, was hier los ist?«, fährt ihn sein Freund an. »Die drehen völlig durch. Mann, ich hab so einen Hals wegen diesen Presse-Idioten.«

»Ähm, was?«

»Hast du die Zeitung noch nicht gelesen?« Parker hat noch nicht, kann sich aber vorstellen, was da auf der ersten Seite steht. Degen wartet die Antwort nicht ab.

»Tut mir leid, Lou, aber ich hab jetzt echt keine Zeit! Ich melde mich, sobald ...«

»Ist schon in Ordnung«, unterbricht ihn Parker. »Ich wollte dir nur sagen, dass ich im Mordfall Mike Leander ermittle.«

»Was? Das kannst du nicht tun! Wir sind an dem Fall dran. Bitte lass die Finger davon.«

»Zu spät, alter Freund«, antwortet Parker, »ich hab bereits den Vorschuss kassiert. Und Jo, ich bin Privatdetektiv, ich verdiene damit meinen Lebensunterhalt.« Parker hört das tiefe Schnaufen seines Freundes.

»Lou, wer hat dich beauftragt?« Degens Stimme klingt beherrscht.

»Mensch, Jo, du weißt, dass ich über meine Klienten keine Auskunft geben werde! Ich will dir gegenüber mit offenen Karten spielen und habe dich deshalb angerufen! Vielleicht können wir uns ja auch gegenseitig unterstützen – den Fall gemeinsam lösen. So wie früher!«

Degen stöhnt.

»Das schlägst du mir ernsthaft vor? Du hast mir doch gerade gesagt, dass du keine Namen nennen wirst! Nee, so läuft das nicht! Das ist mir zu einseitig. Entweder *quid pro quo* oder gar nicht. Überleg es dir! Und wenn du zur Vernunft gekommen bist, kannst du mich gerne wieder im Dienst anrufen. Ich leg jetzt auf, ich hab zu tun!«

★★★

Es ist kurz nach zwei, als Parker wenige Meter vor dem Hotel Rheinblick aus dem MX5 steigt. Er zieht die Sonnenbrille aus, verstaut sie in der Innentasche seiner Lederjacke, blickt sich um und nickt anerkennend.

Wirklich schöne Gegend hier, die der Kölner liebevoll »Kölsche Riviera« nennt.

Parker schließt die Wagentür ab und überquert die Uferstraße. Sein Ziel klar vor Augen, geht er an den Trauerweiden vorbei geradewegs über die breite Wiesenfläche auf den schmalen Pfad zu. Er führt direkt zum Wasser.

Der Privatdetektiv kennt die Stelle nicht, hat bloß die vage Beschreibung seiner Auftraggeberin, und so bleibt er zunächst am Ufer stehen. Suchend schaut er erst nach links, dann nach rechts, in der Hoffnung etwas zu entdecken, was auf den Tatort hinweisen könnte. Kein rot-weißes Flatterband ist zu sehen. Das haben die Polizisten wieder eingepackt. Überall niedriges und höheres Buschwerk entlang des Rheins, darin Papier- und Plastikfetzen vergangener Hochwasser, dazwischen Flaschen und Müll, die erst das nächste Hochwasser mit sich nehmen wird.

Parker fährt sich mit der Hand übers Gesicht, die Müdigkeit sitzt noch tief. Ein bellender Hund auf einem voll beladenen Containerschiff erregt kurzzeitig seine Aufmerksamkeit. Das Schiff quält sich rheinaufwärts.

Er dreht sich um und blickt zu dem Villahotel hinüber.

Wenn es irgendwo hier passiert ist, könnte es sein, dass Hotelgäste oder das Personal etwas gesehen oder gehört haben.

Parker schaut zu Boden. Am vergangenen Abend hatte es geregnet, nicht anhaltend, aber so viel, dass der sandige Boden sich mit Wasser vollgesogen hat. Auf dem weichen Sand müssen die Ermittlungsbeamten Spuren hinterlassen haben.

Parker entscheidet sich für die linke Seite und sieht bereits nach wenigen Metern die unzähligen Fußabdrücke, an denen er aber in dem Moment das Interesse verliert, als er etwas entdeckt, das er hier nicht erwartet hat.

Wie hypnotisiert hängt sein Blick an den fünf roten Rosen, die gebunden unmittelbar neben einem Gestrüpp im zerfurchten Sand liegen. Er tritt näher heran, geht in die Hocke und berührt mit Daumen und Zeigefinger die Blütenblätter. Sie sind frisch, können also noch nicht allzu lange hier liegen. Aus der Jackentasche zieht er sein Handy und macht ein Foto. Steht auf, geht ein Stück zurück und knipst noch ein weiteres. Dann wählt er ihre Nummer.

»Katharina«, kommt er direkt zur Sache, »warst du an der Stelle, an der Mike ermordet wurde? – Okay, du warst also nicht da! Und du hast auch keinen dorthin geschickt? Nein! Ist klar, hab ich verstanden! Nein, jetzt nicht! Sag ich dir, sobald ich mehr weiß. Ja, ich melde mich. Tschau, Katharina!«

Ein frischer Wind weht mit einem Mal über den Fluss. Parker wendet sich vom Tatort ab. Das unaufhörlich strahlende Licht der Maisonne spiegelt sich im Wasser und lässt ihn blinzeln. Er setzt seine Sonnenbrille auf und genießt für einen Augenblick das funkelnde Panorama.

Es zuckt förmlich in seinem Zeigefinger. Die Vorstellung, es einfach zu tun, hat beinah etwas Verlangendes. Er kann seinen Blick einfach nicht von ihr abwenden.

»Verführerisch, nicht wahr?« Die sanfte Stimme überrascht ihn, und er fährt unmerklich zusammen.

»Machen Sie ruhig! Es sieht ja keiner. Und hören tun es nur wir beide.«

Der leichte italienische Akzent ist unüberhörbar und tut ein Übriges, um bei Parker so eine gewisse Schwingung in der Magengegend zu verursachen. Er hat sie nicht kommen sehen, schaut nun auf und versucht es mit einem Lächeln. Und die groß gewachsene braunhaarige Endzwanzigerin lächelt zurück.

»Ach nein«, antwortet er und betrachtet dabei noch einmal die silberne Rezeptionsklingel vor ihm, »das ist mir jetzt doch zu peinlich!«

Parkers Blick streift das Namensschild, das sie auf der rechten Brust trägt, um dann wieder in das hübsche Gesicht zu schauen.

»Frau Pino«, sagt er freundlich, »ich heiße Lou Parker und ich bin Privatdetektiv.« Parker lässt ihr einen kleinen Moment Zeit, so wie er es immer tut, wenn er sich und seinen Beruf vorstellt. Er registriert keine Veränderung in ihrer Mimik, sie scheint also unbeeindruckt zu sein. Sie schaut ihn fragend an. Parker zieht das Foto von Mike hervor und legt es vor sie auf den Tresen.

»Haben Sie diesen Mann schon mal gesehen?«, fragt er, wobei er sie nicht aus den Augen lässt. Er sieht ihr Stirnrunzeln und wie sich ihre eben noch vollen Lippen in einen dünnen Strich verwandeln.

»Ist er das? Der, der gestern Abend am Rheinufer ...« Sie schluckt und schlägt die Hand vor den Mund. Parker nickt.

»Es ist so schrecklich«, fährt die junge Frau fort, »das sind doch keine fünfhundert Meter von hier entfernt. Diese Vorstellung, dass dort, wo ich fast einmal täglich an den Rhein gehe, etwas so Grauenvolles passiert ist ...« Wieder bricht die Frau ab, schüttelt den Kopf und schluchzt leise. Parker kennt solche Situationen, hält sich zurück und wartet.

»Die Polizei war hier«, sagt sie schließlich, »und hat die Hotelgäste befragt. Aber niemand hat etwas gesehen. Ich auch nicht.« Frau Pino nimmt das Foto hoch und betrachtet es. Betrachtet es lange. Dann nickt sie und sagt: »Ja, ich bin mir ziemlich sicher. Ich habe den Mann zwei-, dreimal vor unserem Hotel gesehen. In einem blauen Jogginganzug mit roten Streifen. Er hat Dehnübungen an der Bank gegenüber gemacht.« Sie blickt Parker an.

»Ich gehe, wenn nichts los ist, ab und an mal draußen eine Zigarette rauchen. Ganz schnell, damit die Gäste nichts davon mitkriegen. Blöde Sucht!«

Parker verzieht das Gesicht zu einem schiefen Grinsen.

»Ich weiß, wovon Sie sprechen! Ich habe es vor gut drei Jahren drangegeben. Und das nach fast zwanzig Jahren Kampfrauchen!«

»Das zeugt von einem starken Charakter«, antwortet sie. Parker spürt, wie ihm ein bisschen heiß wird, und winkt ab.

»Ach, das war gar nicht so schwer! Also, Frau Pino, dann haben Sie recht herzlichen Dank. Sie haben mir sehr geholfen, und vielleicht können wir uns ja mal ...«

»Letzte Woche«, unterbricht sie ihn, während sie gedankenverloren an ihm vorbeistiert, »ja, es muss letzte Woche Mittwoch gewesen sein! Ich erinnere mich: Der erste warme Tag, da ist er in einen schwarzen Mini-Cabrio gestiegen. Und ich dachte noch, haben die zwei Jungs es gut. Tolles Wetter, nettes Auto und offen am Rhein entlangcruisen! Da wäre ich gerne mitgefahren.« Jetzt wird ihm noch eine Spur heißer.

»Wie sah der andere Mann aus? Können Sie ihn beschreiben?«

»Na ja, nicht so richtig. Ich habe ihn eigentlich nur von hinten gesehen und für einen kurzen Moment von der Seite. Er hatte lange blonde Haare, zu einem Pferdeschwanz gebunden. Und er trug eine Sonnenbrille. Ich schätze, er war vielleicht Mitte zwanzig. Aber so genau kann ich das wirklich nicht sagen. Dafür ging das alles viel zu schnell.«

»Hm? Immerhin etwas! Und haben Sie sich vielleicht das Kennzeichen gemerkt?«

Bedauernd schüttelt sie den Kopf. Wäre ja auch zu schön gewesen, flucht er still in sich hinein. Mini-Cabrios gibt es wie Sand am Meer, und die Farbe Schwarz ist auch nicht gerade exotisch. Und dann noch ein blonder Typ mit Pferdeschwanz ... Parker gibt ein zerknirschtes »Schade« von sich.

»Aber an das ›SU‹ erinnere ich mich«, wendet sie überzeugend ein. »Ja, der Wagen kam aus Siegburg. Und er hatte hinten einen Aufkleber.«

»Was war das für ein Aufkleber?«

»So einen gelben Smiley. Ja, und ...«, sie hält inne und schaut Parker mit einer Mischung aus Stolz und Freude an, »und ich habe den Mini noch am selben Abend in meiner Straße gesehen. Ich wohne in der Lütticher Straße, in der Nähe vom ›Hallmackenreuther‹, und er parkte direkt vor meiner Haustür. Ich dachte noch, was für ein Zufall! Und was für ein Zufall, dass der Fahrer um diese Uhrzeit einen Parkplatz gefunden hat. Sie kennen die Gegend?«

Parker nickt und schenkt ihr sein schönstes Lächeln.

»Natürlich! Sechs Richtige im Lotto sind wahrscheinlicher, als nach achtzehn Uhr einen Parkplatz im Belgischen Viertel zu finden! Frau Pino, Sie haben sich wahrlich ein Abendessen mit mir verdient! Sie können es einlösen, wann und wo immer Sie mögen – hier ist meine Karte. Rufen Sie mich an! Auch nachts! Ich würde mich freuen! Und sollte ich verhindert sein, geht der Kater ans Telefon! Kleiner Scherz!«

FÜNF

Unablässig beobachtet er sie. Folgt ihr mit seinem Blick. Wie lange, weiß er nicht. Er hat jegliches Zeitgefühl verloren. Zu viel hat sich in ihm aufgestaut. Grenzenlose Wut. Es ist stickig im Raum und viel zu warm. Er schwitzt, und seine Hände sind ganz feucht. Er kann kaum noch einen klaren Gedanken fassen, geschweige denn ihn zu Ende denken. Alles um ihn herum wird zur Bedrohung, nimmt ihm die Luft zum Atmen, raubt ihm fast den Verstand. Aber den darf er auf gar keinen Fall verlieren. Nein, er darf sich der Schwere, die versucht, sich seiner zu bemächtigen, nicht ausliefern.

Komm, steh auf! Steh endlich auf! Hör auf, dich zu bemitleiden!

Ohne sie aus den Augen zu lassen, erhebt er sich von der Couch, greift nach der Tageszeitung, rollt sie zusammen und geht langsam auf das Fenster zu. Wohl eine Winzigkeit zu spät nimmt die Fliege den todbringenden Schatten wahr. Sie hat keine Chance.

Das klatschende Geräusch, als die Zeitung auf die Scheibe trifft, vermischt sich mit seinem Aufschrei.

»Ich bin das Gesetz!«, ruft er triumphierend, schmeißt die Zeitung achtlos zur Seite und tritt näher an das zerquetschte Insekt heran, um es zu betrachten.

»Damit hast du nicht gerechnet, nicht wahr! Aber so ergeht es jedem Geschmeiß, was sich ehrlos und schändlich verhält!«

Er wendet sich abrupt um, geht in den Flur und nimmt die Jacke von der Garderobe.

Sie hat heute Geburtstag, er hat es nicht vergessen. Wie könnte er auch.

Er schließt hinter sich ab und geht die Treppen hinunter. Und er hat sich extra dafür freigenommen, was gar nicht so einfach war. Viel zu tun momentan. Seine Hand legt sich auf die Klinke, die sich angenehm kühl anfühlt. Aber die Kollegen mosern immer, wenn man Urlaub haben will. Selbst wenn es nur ein Tag ist. Es passt nie. Doch er hat sich durchgesetzt. Er zieht die Eingangstür auf und tritt ins Freie.

Das übliche Bild: Die Domplatte ist voller Menschen, ein Sammelsurium aus aller Welt auf einer rund siebentausend Quadratmeter großen hellgrauen Granitfläche. Touristen recken ihre Hälse und Kameras in die Höhe, bestaunen und fotografieren die gotische Kathedrale.

Ihm ist das alles ziemlich gleichgültig, und auch die Domschweizer würdigt er keines Blickes. Kaum, dass er einen Fuß in das Gotteshaus gesetzt hat, umfängt ihn ein Gefühl von Geborgenheit.

Er kniet nieder, schlägt das Kreuz, und der Duft von Weihrauch versetzt ihn augenblicklich in eine Erregung, die er bisher nur in dem Moment verspürte, als vor seinen Augen ein Mensch starb ...

Auch hier sind ihm die Menschen egal. Zielstrebig führt ihn sein Weg nach rechts, zur Mailänder Madonna. Andächtig bleibt er vor der Kalksteinskulptur stehen, schaut zu ihr empor, betrachtet sie und das Jesuskind und betet mit gefalteten Händen stumm das »Gegrüßet seist du, Maria«. Danach bekreuzigt er sich wieder, um dann mit schnellen Schritten zu den brennenden Kerzen hinüberzugehen.

»Dieses Licht entfache ich dir zu Ehren«, sagt er und setzt mit einem Streichholz den Docht in Brand.

»Ich danke dir!« Die wispernde Stimme in seinem Kopf überrascht und erschreckt ihn zutiefst. Er wagt es nicht, sich zu bewegen.

»Du musst dich nicht fürchten«, spricht sie ruhig weiter. »Hör mir einfach nur gut zu, was ich dir auftrage! Es ist an der Zeit, mit der Tradition zu brechen. Man verhöhnt mich! Menschen benutzen mich wieder, um ihre schmutzigen Phantasien auszuleben. Und wieder zieht man mich in den Dreck! Wie damals wird meine Ehre beschmutzt. Und beschmutzt man meine Ehre, beschmutzt man auch die deine. Du bist Herr im eigenen Haus. Und du trägst das Erbe, doch auch deine Zeit auf Erden ist begrenzt. Du bist es, der mit der Tradition brechen muss. Wenn du es nicht tust, werde ich keine Ruhe finden! Und denke stets daran: Ich werde jedes Mal bei dir sein, wenn du es tust. Es ist nun deine Mission!«

★★★

Parker nimmt die Linie 15 Richtung Ubierring.

Der Privatdetektiv hatte beschlossen, den MX5 vor seiner Haustür stehen zu lassen und mit der KVB zum Rudolfplatz zu fahren. Von dort würde er das kurze Stück bis zum Brüsseler Platz zu Fuß gehen.

Parker schmunzelt in sich hinein, als er sich auf einen freien Fensterplatz fallen lässt. Das war knapp! Da hätte er sich doch fast zum Gespött der hier versammelten Fahrgäste gemacht. Eben noch rechtzeitig kann er seine geschürzten Lippen davon abhalten, laut die Melodie einer Schlagerschnulze zu trällern. Einer *italienischen* Schlagerschnulze.

Alexandra Pino! Die Begegnung vom frühen Nachmittag geht ihm nicht mehr aus dem Kopf und verursacht dieses einzigartige Gefühl, welches vermag, einen deprimierenden Regentag in ein strahlendes Azorenhoch zu verwandeln.

Zugegeben, die Informationen, die er von Frau Pino erhalten hat, reichen jetzt nicht gerade für ein Zeugenschutzprogramm, aber sie sind es allemal wert, sich im Belgischen Viertel etwas umzuschauen. Zumal er auch noch keine andere Spur hat, auf die er sich stürzen könnte. Morgen wird er Jo im Polizeipräsidium einen Besuch abstatten. Er wird versuchen, von ihm den Namen des ersten Mordopfers zu erfahren. Dafür muss ihm Parker aber irgendetwas anbieten, etwas Gehaltvolles.

Parker hofft, herausfinden zu können, ob es zwischen den beiden Morden tatsächlich einen Zusammenhang gibt. Was ihm diese Erkenntnis bringen wird, kann er zum jetzigen Zeitpunkt kaum absehen.

Was haben die Rosen am Tatort zu bedeuten? Haben sie was zu bedeuten? Dass sie da ganz zufällig liegen, will er nicht glauben. Anteilnahme? Oder Bekenntnis?

Alexandra Pino sprach von zwei Männern, die sie im Cabrio davonfahren sah.

Hat das was zu sagen? Ist der Mann mit dem Pferdeschwanz Mikes Mörder? Hatte Mike etwas mit diesem Mann? Oder war er bloß ein Freund? Hat sich Mike ab und an einen feuchtfröhlichen Männerabend im Belgischen Viertel gegönnt? Hat er Abwechslung gesucht? Kleine Fluchten?

Katharina ist sehr dominant, sie kann sehr herrisch sein. Es würde ihn nicht sonderlich verwundern, wenn Mike sich hier und da etwas zum Fremdvögeln gesucht hätte. Doch Katharina hat ihre Späher fast überall. Das muss Mike klar gewesen sein. Köln ist ein Dorf. Köln ist geschwätzig.

Also das berühmte Spiel mit dem Feuer? Wenn sie etwas von seinen Eskapaden erfahren hat ... hat sie ihn dann umbringen lassen?

Parker schüttelt den Kopf. Nein, sie hätte ihn bestraft oder hätte ihn womöglich hochkant aus ihrem luxuriösen Leben geschmissen. Aber sie hätte nicht befohlen, ihn zu töten. Sicher scheint zu sein, dass Mike ein Doppelleben geführt hat. Das ist wohl auch der Grund, warum er sich so vehement gegen die Bodyguards gewehrt hat.

Ob der blonde Pferdeschwanzträger nun der Mörder ist oder nicht – er muss ihn finden.

»Nächster Halt: Rudolfplatz!«

Die Stimme aus dem Lautsprecher reißt Parker aus seinen Überlegungen, und er fährt unwillkürlich zusammen. Parker schaut sich um und bemerkt erst jetzt, wie sehr sich die Bahn seit seinem Zustieg am Ebertplatz gefüllt hat. Rasch umschließen die Finger seiner linken Hand die Haltestange, und er zieht sich aus dem Sitz hoch. Im selben Moment bremst die Straßenbahn hart ab, er gerät ins Straucheln, und es wirft ihn beinahe wieder zurück auf den Platz. Parker greift fester zu, stellt sich breitbeinig hin und bleibt stehen. Gleichzeitig hallt ein schriller Ton durch die Bahn, und Parker sieht, wie ein Jugendlicher mit Gewalt eine der Türen aufreißt und schnell nach draußen auf den Bahnsteig springt. Dabei rempelt er eine Gruppe älterer Frauen an, die erschrocken zurückweicht. Er dreht sich noch einmal um, grinst breit und zeigt den erstarrten

Fahrgästen seine beiden Mittelfinger. Dann läuft er links den Bahnsteig hoch auf den Treppenaufgang zu.

»Blödmann!«, presst Parker zwischen den Zähnen hervor und zieht genervt die Mundwinkel herunter.

»Unverschämtheit!«, keift ihm eine junge Frau im blauen Businessanzug ins Ohr. »Die gehören doch alle in ein Erziehungscamp!« Auf Parkers fragenden Blick hin schleudert sie ihm ein empörtes »Na ist doch wahr!« entgegen.

»Wegschließen? Ah, und damit haben wir dann alle Probleme beseitigt? So einfach ist das? Erziehungscamp? Warum nicht gleich ab mit denen in eine Strafkolonie, irgendwohin, egal, bloß weit weg von hier. Die stören doch nur das Stadtbild.«

Das Gesicht der jungen Frau nimmt einen verkniffenen Ausdruck an.

»Ach, ein Sozialromantiker, wie nett!«, antwortet sie süffisant, während sie Anstalten macht, sich an ihm vorbeizudrängen. »Und ich dachte, die wären längst ausgestorben, weil vollkommen überflüssig!«

Parker sieht ihr konsterniert hinterher und kassiert zum Abschied noch ein abfälliges Lächeln. Hoffnungsloser Fall, denkt er und zuckt mit den Schultern.

Parkers Aufmerksamkeit richtet sich nach draußen. Er beobachtet den beleibten Fahrer dabei, wie er mit hochrotem Kopf gerade dabei ist, die Tür zuzudrücken. So ein Scheiß! Das macht der arme Kerl bestimmt auch nicht bloß einmal am Tag. Und das nur, weil so ein Idiot glaubt, mal eben in voller Fahrt aussteigen zu wollen. Parker seufzt schwer und schaut dem Fahrer nach, bis dieser aus seinem Blickwinkel verschwindet.

Wenig später setzt sich die Straßenbahn ruckartig in Bewegung, nimmt dann etwas an Geschwindigkeit auf, um kurz darauf wieder abzubremsen und langsam auf den Haltepunkt zuzurollen.

Die Türen öffnen sich, und die Massen schieben sich ins Freie. Auch Parker quetscht sich vorbei an Fahrgästen, die nicht aussteigen wollen, im Weg stehen und bloß widerwillig Platz machen. Ihm gelingt es nur mit Mühe, seine Flüche zu unterdrücken. Als er endlich draußen steht, fährt er sich mit dem Handrücken über die Stirn. Parker nimmt die Treppe.

Ein Blick auf die Uhr: Es ist kurz vor fünf. Er schaut auf, die Ampel zeigt Grün. Schnell überquert er die Straße, geht rechts auf die Aachener Straße, sein Blick streift das Millowitsch-Theater auf der anderen Seite und bleibt kurz an dem Haus daneben hängen.

Er verweilt einen Moment und betrachtet die alte Fassade. Sie haben es wieder aufgerichtet und bewohnbar gemacht. Das war schon ein Ding! Im September 2013 schlitzten Arbeiter tragende Wände ein. Plötzlich war die Statik in Gefahr, und das Haus drohte einzustürzen. Natürlich waren die Häuser links und rechts ebenfalls einsturzgefährdet. Nicht auszudenken, was hätte alles passieren können.

Parker schüttelt den Kopf und setzt seinen Weg fort. Vorm »Herr Pimok«, vormals »Gonzales & Gonzales«, ist alles auf Frühling eingestellt. An den Tischen sitzen bereits zahlreiche Menschen, die ihre Gesichter der tief stehenden Sonne entgegenstrecken, und Parker muss unweigerlich an die zwei Rotwangenschildkröten denken, die er als Kind besaß und die stundenlang unter der Wärmelampe bewegungslos ausharrten.

Schmunzelnd geht er die Brüsseler Straße hoch, am »Fisch-Hof« vorbei, und hält Ausschau. Ausschau nach einem schwarzen Mini-Cabrio mit Siegburger Kennzeichen und einem gelben Smileyaufkleber.

Parker schlendert langsam die Straße entlang bis zur Lütticher, die die Brüsseler kreuzt, und entscheidet sich zuerst für die rechte Seite. Er folgt ihr circa fünfzig Meter, macht dann kehrt und schlägt die entgegengesetzte Richtung ein. Ohne den zum Teil denkmalgeschützten Gebäuden allzu viel Aufmerksamkeit zu schenken, führt ihn sein Weg bis zur nächsten Querstraße.

Irgendwo hier muss sie wohnen! Wieder huscht ihm ein Lächeln übers Gesicht.

»Hey, Parker«, spricht er leise zu sich selbst und beschleunigt seine Schritte, »reiß dich zusammen, wegen Frau Pino bist du nicht hier!«

Eine gute halbe Stunde später hat er sämtliche Seitenstraßen in der näheren Umgebung abgelaufen. Ohne Erfolg! Nun macht er kehrt und geht zum Brüsseler Platz zurück.

Die Kirche und der platanenbestandene Platz sind der Dreh- und Angelpunkt des Belgischen Viertels. Doch der beliebte Treffpunkt ist um diese Uhrzeit noch so gut wie verwaist. An warmen Sommertagen wird er nicht selten zur öffentlichen Terrasse, auf der sich mitunter tausend Jugendliche versammeln und eine spontane Party feiern. Und das bis in die frühen Morgenstunden, was verständlicherweise auf wenig Gegenliebe bei den Anwohnern stößt.

Parker bleibt vorm »Hallmackenreuther« stehen, wirft einen Blick durch die große Glasfront, zögert kurz und beschließt schließlich hineinzugehen. Ein Versuch und ein Bier ist es allemal wert, denkt er bei sich. Parker drückt die Tür auf.

Siebziger-Jahre-Soulmusik hallt ihm entgegen, und er steuert, nachdem er die Lokalität im Schnelldurchlauf gescannt hat, direkt auf die Bar und den dahinter agierenden Barmann zu. Sechzehn Personen hat Parker gezählt, davon acht Frauen, zwei mit kleinen Kindern, und sechs Männer. Keiner der Typen trägt einen blonden Pferdeschwanz. Wer sich gerade auf der Empore aufhält, kann Parker nicht sehen.

»Was darf ich bringen?«, empfängt ihn die dunkle Stimme des Barkeepers.

»Ein Kölsch, bitte.«

Der Barmann nickt wortlos, dreht sich um und bewegt sich auf die Zapfanlage zu. Parker beobachtet ihn dabei, wie er das schlanke Glas unter den Hahn hält, es auffüllt und den Vorgang gekonnt mit einer weißen Schaumkrone abschließt. Zuerst der Pappdeckel, dann das Kölsch.

»Danke«, sagt Parker. Abermals fällt die Antwort des Barkeepers stumm nickend aus. Er wendet sich ab, im Begriff, zurück zur Mitte der Bar zu gehen, da holt ihn Parker mit »Entschuldigung, kennen Sie diesen Mann?« zurück und hält ihm die Fotografie von Mike hin. Die tiefbraunen Augen des Barkeepers fixieren Parker, dann schaut er auf das Foto. »Polizei?«, fragt er, hebt den Blick und sieht Parker scharf an, wobei seine Stimme gelassen bleibt. Der Privatdetektiv begnügt sich mit einem neutralen Brummen.

»Ja!«, antwortet der Barkeeper, und als Parker die Augenbrauen hochzieht, ergänzt er fast beiläufig: »Ich hab den Typ hier zwei-, dreimal gesehen.«

»War er allein?«

Der Mann schüttelt leicht den Kopf und antwortet mit einem Knurren, was Parker als Nein versteht.

»Blonder Kerl mit Pferdeschwanz?«, fragt Parker, auf jegliches Vorgeplänkel verzichtend. »Ja! Blond und Pferdeschwanz. Ich erinnere mich gut an letzten Mittwoch. Die beiden wirkten so, als seien sie ein Paar. Haben an dem Abend ziemlich ausgiebig und lange gefeiert. Je später es wurde und je mehr sie getrunken haben, desto ausgelassener wurden sie. Nicht, dass sie unangenehm geworden wären, nein, das nicht. Aber sie haben keinen Hehl daraus gemacht, dass sie sich mochten. Und sie haben insgesamt drei Flaschen Champagner geleert. So was kommt auch nicht alle Tage vor. Zumindest nicht bei uns.«

»Können Sie den Mann etwas genauer beschreiben? Alter? Größe?«

»Circa eins achtzig, normale Statur. Mitte zwanzig vielleicht.«

Er bekräftigt seine Worte mit einem Nicken, einmal und ein weiteres Mal, jedoch ohne Parker dabei anzusehen, und schickt eine Frage hinterher: »Was ist mit dem Jungen auf dem Foto?«

Parker sieht auf sein Kölsch und registriert misslaunig, dass die Schaumblume mittlerweile in sich zusammengefallen ist. Schulterzuckend greift er nach dem Glas und leert es in einem Zug. Der Barmann schaut ihn fragend an, und Parker antwortet mit einem knappen: »Ja, bitte!«

»Was ist denn nun mit dem Jungen?«, hakt der Mann nach, als er dem Detektiv das Frischgezapfte hinstellt.

»Er ist tot!«, antwortet Parker lakonisch und betrachtet sein Gegenüber genau. »Ermordet!« Der Barkeeper legt die Stirn in Falten und verzieht den Mund zu einer Grimasse.

»Scheiße«, presst er hervor.

Parker nickt beipflichtend. »Ja, das ist scheiße.«

Er greift zum Bier, trinkt einen kräftigen Schluck und fragt, noch bevor er das Kölschglas abstellt: »Ist der Begleiter von dem Jungen öfter hier?«

Der Barmann wiegt langsam seinen Kopf hin und her, als er antwortet: »Das kann ich nicht sagen. Ich mach nur selten den Abenddienst, da müssten Sie schon meine Mitarbeiter fragen. Wenn Sie mir Ihre Karte geben, kümmere ich mich drum, dass man Sie anruft.«

»Das wäre nett«, erklärt Parker, während er seine Visitenkarte aus dem Revers seiner Jacke zieht und sie dem Barkeeper gibt.

»Ah«, brummt der Mann mit schiefem Grinsen, nachdem er sie überflogen hat, »Privatdetektiv.« Dabei schaut er Parker für einen kurzen Moment prüfend an. Dann lässt er die Karte in seiner Hemdtasche verschwinden.

»Bekommen Sie noch ein Kölsch?«

Er deutet mit dem Kinn auf das fast leere Bierglas.

»Sehr gerne!«, antwortet Parker, trinkt aus und fügt hinzu: »Und wenn der blonde Knabe hier noch mal aufkreuzt ...«

»... dann werde ich Sie umgehend informieren!«

»Wunderbar! Aber, dass wir uns da richtig verstehen«, der Detektiv beugt sich ein Stück über die Theke und raunt dem Barmann zu, der sich nun seinerseits langsam zu Parker hinbeugt, »er ist erst mal nur einer, den ich befragen will. Er ist nicht tatverdächtig, wenn überhaupt, ist er ein Zeuge. Nur damit das klar ist!«

Der Mann streckt sich wieder.

»Ist auch genau *so* bei mir angekommen«, antwortet er, schnappt sich das Bierglas und geht zur Zapfstation zurück.

SECHS

Katharina!, denkt Parker. Verdammt! Ich muss dringend mit ihr sprechen. Sie hat mir nicht die Wahrheit gesagt. Oder besser: Sie hat mir was verschwiegen. Sie muss von Mikes Ausflügen gewusst haben, das wird ihm immer klarer.

Mike wird wohl kaum im Jogginganzug die Kölner Partyszene aufgemischt haben. Auch wenn er sich irgendwo umgezogen hätte, wie hätte er Katharina die Auswirkungen seiner Champagnerlaune erklären sollen? Doch warum? Warum war Katharina ihm gegenüber nicht aufrichtig? Hatte sie doch was mit dem Mord an Mike zu tun? Aber warum hatte sie ihn dann beauftragt? Und ihre Angst, dass Mike etwas passieren könnte, hatte auf ihn durchaus glaubhaft gewirkt. Also aus welchem Grund machte sie ihm was vor?

»Guten Abend, Herr Privatdetektiv!«, erklingt es sanft hinter seinem Rücken. Augenblicklich gibt er die Grübeleien auf. Auch wenn er sie nicht hat kommen hören, so hat Parker keine Schwierigkeit, die Stimme mit dieser gewissen Färbung *einer* Person zuzuordnen. Und um ehrlich zu sein, ist Parker noch nicht einmal besonders überrascht, sie hier und heute zu treffen. Ein kleines Lächeln umspielt seinen Mund, während er sich herumdreht, und sein Lächeln wird breiter, als er ihr schließlich in die Augen sieht.

»Hallo, Frau Pino«, ruft er aus, »das ist ja ein Zufall!«

Täuscht er sich, oder wird sie gerade ein kleines bisschen rot? Sie räuspert sich.

»Ähm, ja, was für ein Zufall!«

Frau Pino lächelt zurück, fährt sich mit der linken Hand durch das Haar, um gleichzeitig mit der rechten auf die Person neben sich zu deuten.

»Wenn ich bekannt machen darf: meine Freundin Julia. Julia, das ist ...«

»Lou!«, kommt Parker ihr zuvor und streckt der hübschen

blonden Frau die Hand entgegen, die sie verschmitzt grinsend annimmt.

Er schätzt sein Gegenüber auf Ende zwanzig.

»Da ich ganz offensichtlich von uns dreien der Älteste bin, darf ich euch das Du anbieten.« Parker entgeht der hintersinnig-schelmische Blick von Julia keineswegs. Sie mustert ihn auf eine Art, wie man es tut, wenn man schon über einige Hintergrundinfos verfügt. Was die momentane Situation für ihn nur noch spannender macht.

»Alexandra! Worauf ich aber in der Regel nicht höre«, scherzt Frau Pino. »Mit Alex hat man da schon mehr Erfolg!«

»Werde ich mir merken!«, gibt er augenzwinkernd zurück und winkt den Barkeeper zu sich heran. »Was wollt ihr trinken?«, hört sich Parker fragen. Alexandra Pino schaut ihre Freundin fragend an.

»Ich hätte gerne einen trockenen Weißwein. Wenn Sie haben, einen Chablis«, sagt Julia.

»Und ich nehme ein Bier!«

»Ein Kölsch etwa?«, fragt der Barmann mit leicht provokantem Unterton.

Frau Pino lächelt und nickt.

»Mir können Sie dann auch noch eins bringen. Ein Kölsch, meine ich!« Parker strahlt sie an. »Das mit dem Bier nimmt man in Köln sehr genau.«

»Ja, das ist mir schon aufgefallen, auch wenn ich noch nicht allzu lange hier lebe.«

»Aha! Und seit wann wohnst du in Köln?«

»Seit einem knappen halben Jahr. Ich habe vorher in München gelebt und gearbeitet.«

»Ebenfalls in einem Hotel?«, fragt Parker.

Alexandra Pino nickt. »Ja, zuvor habe ich in Mailand studiert. Literatur und Philosophie.« Sie macht eine kurze Pause und blickt ihn abwartend an. Parker schaut nur interessiert zurück, sagt aber nichts. Alexandra zieht lächelnd die Augenbrauen hoch.

»Die meisten fragen jetzt etwas irritiert, wie ich denn bei diesen Fächern dazu komme, im Hotelgewerbe zu arbeiten.«

Parker will etwas erwidern, doch der Barmann kommt ihm zuvor: »Ein Chablis und zwei Kölsch«, sagt er und stellt die Bestellung vor Parker auf den Tresen.

»Na, dann Prost! Auf einen lustigen Abend«, sagt Julia, nachdem Parker die Getränke verteilt hat.

»Und wie kommst du dazu, nach Literatur und Philosophie im Hotel zu arbeiten?«, holt Parker die Frage nach.

»Oh, nach den Jahren Theorie an der Uni wollte ich das Leben und die unterschiedlichsten Menschen kennenlernen. Und wo kann man das besser als in einem Hotel?«

»Also heute hier, morgen dort«, konstatiert Parker und fügt bewusst gelassen hinzu: »Dann ist es wohl besser, wenn man ungebunden ist, oder?«

»Nun ja.« Alexandra senkt den Kopf und betrachtet eingehend ihre Hände.

»Detektive stellen also nicht nur im Film subtile Fragen«, mischt sich Julia feixend ein, und das freudige Funkeln in ihren Augen ist unübersehbar.

»Jetzt hab *ich* aber mal 'ne Frage: Wie kommst du zu diesem Namen – Lou Parker? Der ist doch nicht echt! Klingt eher nach Künstlername. Stimmt's?« Erwartungsvoll schaut sie ihn an.

Parker hält dem Blick stand, schaut amüsiert zurück und räuspert sich in die Faust, bevor er salbungsvoll antwortet: »Liebe Julia, da liegst du falsch! Komplett falsch. Meine Mutter schwärmte, ja, so kann man das sagen, für einen niederländischen, in Deutschland sehr bekannten Showmaster. Den ihr beide«, Parker schaut kurz zu Alexandra Pino, um sich dann wieder auf Julia zu konzentrieren, »wohl kaum kennen könnt, da diese außerordentlich erfolgreiche Quizsendung mit dem Namen ›Der goldene Schuss‹ in den sechziger Jahren im ZDF gelaufen ist. Also lange vor eurer Zeit! Und der Moderator ebendieser Sendung hieß Lou van Burg.«

Kurzes Schweigen.

Schließlich: »Und«, Parker hebt den Zeigefinger, blickt mit gespieltem Ernst zwischen den beiden Frau hin und her, um dann mit fester Stimme fortzufahren: »… mein Vater war Oberst in der Britischen Armee und in Deutschland stationiert. Sein Name: George Parker.«

Parker liegt auf dem Rücken. Seine Arme hinter dem Kopf verschränkt, starrt er durch die Dunkelheit seines Schlafzimmers an die Decke.
Ja, es war wirklich nett gewesen.
Nett? Nein, amüsant und aufregend war's.
Es ist lange her, dass er sich in Gegenwart einer Frau so wohl gefühlt hat.
Pardon! Zweier Frauen!
Parker grinst in sich hinein. Julia ist irgendwann gegangen, wann das war, kann er nicht sagen. Aber er erinnert sich, dass Alex' Freundin ihnen nach der Verabschiedung wissend lächelnd noch einen schönen Abend gewünscht hatte.
Gequatscht haben sie, und das ohne Punkt und Komma. Und das Treiben um sie herum hatten sie konsequent ignoriert. Selbst den Barmann kostete es einige Mühe, an seine Bestellungen zu kommen.
Gegen zwölf hatte Parker den kompletten Deckel bezahlt – er bestand darauf – und Alex nach Hause gebracht. An der Haustür drückte sie ihm einen Kuss auf die Wange und sagte, dass sie sich über einen Anruf von ihm freuen würde. Dann gab sie ihm ihre Nummer, die Parker in sein Handy tippte. Man umarmte sich zum Abschied, und Parker beobachtete sie dabei, wie sie aufschloss, sich noch mal kurz lächelnd umschaute und ins Haus ging. Er blieb, bis die Tür zurück ins Schloss fiel, und machte sich dann auf in Richtung Rudolfplatz.

★★★

Aus der Ferne, vom Fluss her, ein Nebelhorn, nur ganz kurz, dann ist es wieder still im Raum. Die bleierne Stille legt sich auf seinen feuchten, nackten Körper, fixiert ihn mit ihrem Gewicht, sodass er nicht imstande ist, sich zu bewegen. Machtvolle Schwärze umgibt ihn, lässt ihn nichts sehen, was ihm Hoffnung geben könnte.

Deutlich hört er die Atemgeräusche, wie sie allmählich lauter und schneller werden. Schneller und schneller und sich beinah überschlagen. Wie sie sich im Zimmer ausbreiten. Sie machen ihm Angst.

Jetzt ist es nur noch ein Röcheln, das fast alles Menschliche verloren zu haben scheint.

Aber er weiß, dass es nicht dabei bleiben wird. Sie wird kommen. Sie kommt immer.

Er würde so gerne die Hände auf die Ohren legen, mit aller Kraft dagegendrücken, seinen Kopf wie in einer Schraubzwinge zusammenpressen. Dann gäbe es keine Stimme mehr! Dann wäre er erlöst. Wenn er nur könnte. Doch er ist verdammt.

Und jetzt vernimmt er sie, die Melodie. Sie singt:

»Ein Männlein steht im Walde, ganz still und stumm.
Es hat vor lauter Purpur ein Mäntlein um.
Sagt, wer mag das Männlein sein,
das da steht im Wald allein,
mit dem purpurroten ...«

»Nein, ich habe es nicht vergessen!« Der Satz, flüsternd begonnen, endet in einem Schrei.

Verflucht, er hat das Gefühl, als würde seine Schädeldecke explodieren.

Oh, irgendwann wird er sich eine Kugel in den Kopf jagen – irgendwann, wenn es endlich vollbracht ist.

Er schließt die Augen. Gibt auf. Lässt es geschehen. Es macht keinen Unterschied ... ob er sich nun dagegen wehrt oder nicht ... sie ist da!

»... mit dem purpurroten Mäntelein.
Das Männlein steht im Walde auf einem Bein
und hat auf seinem Haupte schwarz Käpplein klein.
Sagt, wer mag das Männlein sein,
das da steht im Wald allein.
Mit dem kleinen schwarzen Käppelein?«

Seine Kieferknochen arbeiten. Seine Hände krallen sich in das Bettlaken.

Er wird sich darum kümmern. Er hat es versprochen. Tief zieht er die Luft durch die Nase ein, und seine Lippen singen das alte Lied vom Männlein.

Und dann ist es vorbei. Er hat keine Ahnung, wie lange es diesmal gedauert hat, und es ist ihm auch egal. Mühelos wuchtet er seinen muskulösen Körper aus dem Bett.

Er sei aus der Art geschlagen, hatte sein Vater früher schon gesagt. Vater!

Nein, es wird ihm kaum gefallen. Aber die Tradition wird sich nicht fortführen lassen. Mit nackten Füßen geht er über das Parkett, hin zum Fenster. Vorsichtig schiebt er den Vorhang beiseite. Das schwache Licht der aufkommenden Morgendämmerung fällt in das Zimmer.

Vom zweiten Stock aus sucht sein unruhiger Blick die Straße ab. Grundlos. Keine Menschenseele ist zu sehen. Niemand hat ihn im Verdacht. Alles nur Spekulationen!

Die Zeitungen? Die Schlagzeilen? Na und? Die wissen nichts. Und die Menschen vergessen schnell. Nein, niemand wird ihn stoppen! Er hat nichts zu befürchten. Seine Mission ist nicht in Gefahr.

Vater! Natürlich wird er mit ihm reden müssen. Wird ihm sagen, was ihre Stimme ihm zugeflüstert hat. Von ihrem Auftrag an ihn. Und ja, er weiß es! Er ist der Grund, warum ...!

Es liegt an ihm. Es liegt an seinem Versagen, weshalb mit der Tradition gebrochen werden muss. Verflucht, ja! Er weiß, dass es an ihm liegt. Aber was soll er machen? Er hat es ja versucht. Ohne Erfolg. All die Jahre.

Die Ärzte haben ihm keine Hoffnung gemacht. Haben gesagt, dass so etwas nun mal vorkomme. Da könnten sie nichts machen. Und er sei schließlich nicht der Einzige mit so einem Schicksal.

Kein Trost!

Aber er ist ein Mann – ein richtiger Mann. Und er wird es zu Ende bringen. Er wird sie von ihrem Leid erlösen. Sodass sie endlich Ruhe findet. Er hat es ihr versprochen! Nein, er hat es ihr *geschworen*!

★★★

Die Sonnenstrahlen, die sich durch die Jalousien in sein Schlafzimmer gezwängt haben, hatten ihn heute früher geweckt, als es ihm lieb war.

Gerne hätte er noch ein wenig länger geschlafen, doch die sich plötzlich aufdrängenden Bilder vom gestrigen Abend taten ein Übriges, dass er, selbst mit dem Kopfkissen auf dem Gesicht, nicht wieder einschlafen konnte.

Und jetzt, wo er aus dem Haus tritt, muss er für einen kurzen Moment die Augen zusammenkneifen, so unerwartet trifft ihn die Helligkeit. Parker schließt die Tür seines Roadsters auf, lässt sich auf den Sitz fallen und spürt die Wärme im Rücken, die von dem schwarzen Leder ausgeht.

Mit zwei kurzen Handgriffen öffnet er die Verschlüsse des Stoffverdecks und schiebt es nach hinten. Ein letzter prüfender Blick in den Himmel, dann der obligatorische Griff in die Seitentasche seiner Lederjacke, worauf Parker die Sonnenbrille herauszieht, sie aufsetzt und gleichzeitig den Sportwagen startet.

Er hatte Katharina noch vor der ersten Tasse Kaffee angerufen und sein Kommen angekündigt. Es war von Parker ein bewusst kurz gehaltenes Telefonat gewesen. Bei aller Freundschaft – Parker weiß, dass er auf der Hut sein muss. Die Fragen, die er Katharina stellen will – nicht anders kann, als sie damit zu konfrontieren –, sind beileibe nicht ohne Brisanz. Eventuell fühlt Katharina sich von ihm angegriffen. Parker weiß, was das heißen kann. Im besten aller schlechtesten Fälle entzieht sie ihm den Auftrag.

Nein, Parker hat keine Ahnung, wie Katharina reagieren wird, was ihn beunruhigt. Und ebendiese Unruhe verursacht bei ihm ein erhebliches Magengrummeln. *Das* muss er unter Kontrolle kriegen, wenn er vor ihr bestehen will. Und seien die Fragen noch so unangenehm. Denn es gibt nur wenig, was Katharina mehr verachtet als Menschen, die sich ihr gegenüber verunsichert zeigen. Um sich herum hat Katharina so einige davon, aber diese nennt sie Lakaien, die sie zwar braucht, vor denen sie jedoch keine wirkliche Achtung hat. Sie sind nur Mittel zum Zweck. Leicht zu durchschauen und manipulierbar. Und vor allem austauschbar. Der Kreis derer, die ihren Respekt genießen, ist klein. Und hat man einmal ihre Achtung verloren, bekommt man sie nie wieder. Bis in alle Ewigkeit nicht.

SIEBEN

Parker steuert den roten MX5 über die wie immer viel befahrene Rheinuferstraße. Links von ihm, auf der Rheinpromenade, flanieren unzählige Paare mit Kindern und ohne, einzelne Spaziergänger und Reisegruppen, die, mit Kamera und Stadtplan bewaffnet, Köln erkunden wollen – das schöne, warme Maiwetter lockt.

Wenig später lenkt Parker seinen Wagen durch die Toreinfahrt, hält geradewegs auf die steinernen Eingangsstufen zu und parkt direkt neben dem silbergrauen Bentley. Diesmal wird der Privatdetektiv von Timo, dem hünenhaften Leibwächter, empfangen, der ihm schief grinsend die Treppe hinunter entgegenkommt.

»Na, Parker«, begrüßt er ihn und reicht ihm die Hand, »wieder mit deiner Weiberkarre unterwegs!«

Parker setzt eine gelangweilte Miene auf, nimmt die ihm dargebotene Pranke, drückt fest zu, lässt aber sofort wieder los.

»Mann, Timo«, faucht er ärgerlich, »nix gegen einen ordentlichen Händedruck, aber falls es dir noch nicht aufgefallen sein sollte: Ich bin ein Wesen aus Fleisch und Blut und kein verfluchter Terminator.«

Ohne auf Parkers Protest einzugehen, zeigt Timo mit dem Kopf zur Haustür.

»Katharina ist im Garten«, erklärt er einsilbig und geht dann lässig an Parker vorbei auf den Bentley zu. Parker schaut ihm nach. Beobachtet, wie Timo sich eine Zigarette anzündet, sich mit dem Rücken gegen die Nobelkarosse lehnt und die kräftigen Arme vor der Brust verschränkt. Ihm entgeht der misstrauische Ausdruck in seinem Gesicht nicht. Und als Parker sich umdreht, um die Treppe hinaufzugehen, kann er den durchdringenden Blick Timos in seinem Nacken regelrecht spüren. Ihm wird gleichzeitig heiß und kalt.

Er kennt Timo. Weiß, dass er sich für Katharina vierteilen lassen würde. Da gibt es kein Vertun: Timo ist ein harter Hund.

Angst ist ein Gefühl, das er nicht zu kennen scheint. Und Parker ist sich seiner Grenzen bewusst. Auch wenn er kampfsporterfahren ist, gegen Timo hätte er, wenn es drauf ankäme, keine Chance.

Aber: Was sollte der Bodyguard gegen ihn haben?

Nein, er hat ihm bisher nie einen Grund geliefert, dass er etwas befürchten müsste.

Parker nimmt die Sonnenbrille ab, verstaut sie in der Jacke und schüttelt unmerklich den Kopf. Ein missglückter Versuch, die dunklen Gedanken loszuwerden.

Froh darüber, sich Timos Sichtfeld entziehen zu können, betritt der Detektiv mit raschen Schritten die Villa. Er durchschreitet die im venezianischen Stil gehaltene Eingangshalle, geht über den hellen Marmorboden in Richtung der großen Glasflügeltüren, die beide weit offen stehen, und tritt auf die Gartenterrasse.

Parker verharrt auf der Stelle, legt die Hand an die Stirn, um besser gegen die Sonne sehen zu können, und entdeckt auf der Wiese Katharina, wie sie mit dem Rücken zu ihm auf einem Rattansessel sitzt. Noch bevor er seinen Mund öffnen und sich ankündigen kann, reckt sie den rechten Arm in die Höhe und winkt ihn zu sich heran.

Über Parkers Gesicht huscht ein Schmunzeln. Wahrscheinlich hat sie ihn gehört, bevor er sie gesehen hat.

»Hallo, Katharina!«, ruft er ihr entgegen, während er über den kurz geschnittenen Rasen auf sie zugeht. Katharina weist mit der Hand erst auf den runden Mahagonitisch neben sich, auf dem sich eine Porzellankanne, die dazugehörigen Tassen und Untertassen samt Löffel und Milchkännchen befinden, und dann auf den Stuhl daneben.

»Nimm dir einen Kaffee!«, sagt sie, ohne dabei aufzuschauen.

»Nein danke«, antwortet Parker und setzt sich auf den angebotenen Platz.

»Ich hatte heute bereits meine zwei Tassen.«

»Was hast du?«, kommt Katharina sofort zur Sache, wobei der Detektiv es nicht zu deuten vermag, ob sich ihre Frage auf seinen Gemütszustand bezieht oder auf den Stand seiner Ermittlungen. Parker räuspert sich und entschließt sich zur Offensive.

»Mike hat sich häufig mit einem Mann getroffen. Und das nicht nur zum Joggen. Die beiden haben regelmäßig gemeinsame Kneipentouren unternommen, und das bis spät in die Nacht. Das muss dir doch aufgefallen sein!«

Parker mustert sie, ohne dass sein Blick von ihr erwidert wird. Er versucht in ihrem Gesicht zu lesen. All seine Sinne sind gespannt! Wie wird sie auf das Gesagte reagieren?

Katharina schweigt. Sekunden vergehen.

Dann greift sie mechanisch nach ihrer Tasse und trinkt den bereits erkalteten Kaffee aus. Beinah liebevoll betrachtet Katharina das Porzellan in ihrer Hand, versunken, so als ob sie in eine andere Zeit abgleiten würde.

Parker rutscht nervös auf seinem Platz ein Stück vor, fiebert einer Antwort entgegen.

»Meissner-Porzellan«, sagt sie lächelnd und spreizt einen Finger ab, »über hundert Jahre alt. So etwas bekommst du heute kaum noch. So eine Qualität! Mein erster Mann hat das Kaffeeservice mit in die Ehe gebracht. Er war ein verdammt guter Mann! Mutig und klug, und er ...«

Sie bricht ab, stellt die Tasse zurück und vergräbt das Gesicht in ihren Händen. Parker glaubt, ein leises Schluchzen zu hören. Doch traut er sich nicht, sie anzusprechen. Dann hebt sie plötzlich den Kopf, die Lippen zusammengepresst, und schaut ihn an. Für einen kurzen Augenblick meint Parker, so etwas wie Schmerz in ihrem Gesichtsausdruck zu lesen. »Mein Gott, Parker«, fährt sie ihn unvermittelt an, »ich bin gut fünfundzwanzig Jahre älter als er. Mike ist ... war ein junger Mann ...!«

»Und wenn du es gewusst hast«, unterbricht Parker sie unbeeindruckt von dem scharfen Klang in ihrer Stimme, »warum hast du mir nichts davon gesagt? Mike wurde ermordet! Da ist es eine keineswegs unwichtige Information, wo und vor allem mit wem sich dein Ziehsohn herumgetrieben hat!«

Katharina wirft die Arme in die Luft.

»Parker«, erklärt sie gestikulierend, so als wolle sie das, was jetzt folgt, unterstreichen, »du hast keine Ahnung von Frauen! Du weißt nicht, wie es ist, als Frau älter zu werden. Für euch Kerle ist das kein Problem – ihr nehmt euch einfach, was ihr wollt. Alter spielt keine Rolle. Und wenn es etwas Junges ist, werdet ihr dafür sogar noch beneidet, von wegen toller Hecht und so. Keine verächtlichen Blicke, kein verletzendes Getuschel. Ja, ich habe es gewusst! Und ja, ich habe es ausgehalten, weil ich wollte, dass Mike bei mir bleibt. Ich habe ihm diese Freiheit gegeben, ohne dass wir darüber gesprochen haben. Verstehst du? Wir haben beide dieses Thema aus unserer Beziehung herausgehalten. Wir haben beide darüber geschwiegen! Und es war verflucht noch mal in Ordnung! Ist das in deinen Augen so verwerflich?«

»War Mike bisexuell? Hatte er Beziehungen zu Männern?«

»Davon weiß ich nichts!« Katharina ist merklich gereizt.

★★★

Parker schnauft schwer, als er an den hellen Steinkugeln vorbei auf den Eingang mit der großen Glasfront zugeht. Das Schnaufen ist keiner körperlichen Anstrengung geschuldet, sondern den Gedanken an Katharina. Der Detektiv ist das Gespräch, das er mit ihr vor gut einer Stunde geführt hat, jetzt zum x-ten Mal durchgegangen, jedoch ohne abschließende Erkenntnis. Er wird einfach nicht schlau aus ihr. Hat sie die Wahrheit gesagt? Ihren kurzen Gefühlsausbruch hält er für echt und nicht gespielt. Und der Ausdruck in ihrem Gesicht … er ist sich sicher, dass sie leidet. Parker bleibt stehen.

Nein, er braucht noch ein paar Minuten, um sich zu sammeln. Kann jetzt noch nicht zu ihm rauf. Geistesabwesend wandern seine Blicke umher, erfassen das Gebäude direkt vor ihm, die sandfarbenen Quadersteinblöcke der Fassade, die Menschen, die ein und aus gehen, die beiden Polizeimotorräder vor dem Eingang des Polizeipräsidiums.

So wie es sich darstellt, hatte Mike eine Liebesbeziehung zu einem Mann. Katharina hatte auf seine Frage nach Mikes sexueller Ausrichtung sehr schroff und abweisend reagiert. Was nicht verwundert.

Aber sie hatte diese Frage nicht mit einem klaren Nein beantwortet, sondern mit einem »Davon weiß ich nichts«. Und wenn sie doch was davon gewusst hat? Wenn nicht gewusst, dann vielleicht geahnt? Katharina ist eine lebens- und liebeserfahrene Frau, der, davon ist Parker überzeugt, man nicht so leicht etwas vormachen kann.

Hätte sie auch das toleriert? Und warum hat sie nicht nach dem Begleiter von Mike gefragt? Sie ist nicht mit einer Silbe auf ihn eingegangen. Will sie keine Informationen über ihn? Auch wenn er ihr keine Personenbeschreibung geliefert hätte, so hatte er doch damit gerechnet, dass sie versuchen würde, ihn auszuquetschen. Doch da kam nichts! Dabei ist Passivität nicht die Charaktereigenschaft, die ihm spontan einfällt, wenn er an Katharina denkt.

Spricht das dafür, dass Katharina von einem Verhältnis wusste? Dass sie den Pferdeschwanzträger vielleicht sogar kennengelernt hat? Hey, Parker, bremst ihn seine innere Stimme, vergaloppier dich nicht! Es ist noch nicht zweifelsfrei bewiesen, dass Mike eine intime Beziehung zu einem Mann hatte. Du weißt doch: Hüte dich vor zu voreiligen Schlüssen.

»Du meine Güte«, entfährt es Parker, als er das Büro seines Freundes Jo Degen betritt, »da hat aber das sonst so knauserige Innenministerium einiges an Steuergeldern lockergemacht!« Parker legt grinsend die Hände auf den Rücken und stolziert um den am Schreibtisch sitzenden Degen herum. Der schaut verblüfft hoch.

»Neue Computer, wenn ich mich nicht irre, neue Möbel, neuer Anstrich und …«, Parker streckt dem Mann, der vor Degens Schreibtisch steht und ihn ebenfalls entgeistert anstiert, die Hand entgegen, »ein neuer Kollege!«

Degen räuspert sich, nickt vor sich hin, gespielt fassungslos vor Erstaunen, und erklärt in schicksalsergebenem Tonfall: »Darf ich vorstellen: Lou Parker, ehemaliger Kollege, ewiger Querulant und Auftragsschnüffler.« Er zuckt mit den Schultern und fügt dann noch ein »Und bester Freund!« hinzu.

»Freut mich!«, sagt der Mann hörbar erleichtert und greift mit einem Lächeln Parkers Hand.

»Mein Name ist Robert Thannhäuser, und ich bin in der Tat erst seit sechs Wochen hier im Dezernat. War vorher beim Rauschgift.«

»Sie kommen aber nicht hier aus der Gegend, oder?«

»Ach, hört man das?«, antwortet Tannhäuser schmunzelnd. »Nein, ich bin im schönen Thüringen aufgewachsen und habe dort an der Polizeischule studiert.«

Parker schaut in das freundliche Gesicht des stämmigen grauhaarigen Mannes, er schätzt ihn auf Ende fünfzig.

»Lou«, hört der Detektiv die drängelnde Stimme seines Freundes rufen, »was willst du? Ich hab alle Hände voll zu tun. Das hab ich dir doch schon am Telefon gesagt!«

Parker nickt Thannhäuser knapp zu, wendet sich halb um und beobachtet, wie sein Freund mit säuerlicher Miene die Hände in den Nacken legt.

»*Quid pro quo!*«, erklärt Parker immer noch grinsend und nimmt den Platz vor Degens Schreibtisch in Beschlag.

»Ich dachte, wir tauschen ein bisschen Informationen aus!« Degen verdreht die Augen und stöhnt: »Hey, Lou, du kennst das Geschäft – ich bin Polizist und kein Auskunftsbüro.«

Er legt die Hände vor sich auf die Schreibtischplatte, blickt zu Robert Thannhäuser auf und deutet mit dem Kinn in Richtung Tür.

»Entschuldigung, ich brauch nicht lange ...«

Thannhäuser nickt verständnisvoll und antwortet: »Kein Problem, ich wollt sowieso mal an die frische Luft«, er verzieht den Mund zu einem schiefen Lächeln, »... eine rauchen gehen.«

»Also, Lou«, beginnt Degen, nachdem der Kollege den Raum verlassen hat, »ich hab echt keine Zeit. Ich muss dir ja nicht erklären, was es heißt, der leitende Beamte einer Mordkommission zu sein. Du hast exakt zehn Minuten, und das nur, weil du mein Freund bist, aber dann schmeiß ich dich raus!«

Parker nickt verständnisvoll.

»Ist schon klar! Dann werde ich mich kurz fassen: Wie weit

seid ihr mit euren Ermittlungen in diesen beiden unappetitlichen Mordfällen?«

Degens Augen starren den Detektiv ungläubig an.

»Sag mal, geht's noch?« Er stützt beide Ellbogen auf den Tisch und faltet die Hände zusammen.

»Glaubst du im Ernst, ich würde dir hier und jetzt streng vertrauliche Interna verraten?« Degen plustert die Wangen auf und lacht gallig. »Ich fass es nicht!«

»Hey, Jo«, versucht Parker ihn zu beruhigen, »du brauchst mir doch nur zu sagen, was du morgen oder übermorgen eh in der Pressekonferenz verkünden wirst.« Parker legt den Kopf schief.

»Ach komm«, bittet er, »dann hab ich die Infos schon zwei Tage bevor sie jeder in der Zeitung lesen kann und …«, Parker zögert einen kurzen Moment, »… und vielleicht hab ich ja auch was für dich!«

Degen stöhnt auf und lehnt sich in seinem Stuhl zurück.

»Na schön«, sagt er, »aber du fängst an!«

Parker kennt seinen Freund, ihm ist bewusst, dass er nun an der Reihe ist, dass er erst einmal etwas bieten muss, um etwas im Tausch dafür zu bekommen.

»Meine Auftraggeberin ist Katharina – du weißt schon: die schwarze Witwe …«

»… vom Eigelstein«, ergänzt Degen. »Aber das ist nicht wirklich eine Neuigkeit für mich. Mir war klar, dass sie es war, die dich engagiert hat, den Mord an ihrem …«

Degen macht eine kleine Pause, um nach einer passenden Bezeichnung zu suchen, schaut dabei an die Decke, so als ob er sie dort entdecken könnte, und entscheidet sich dann für: »Ihrem jungen Lover aufzuklären. Aber ich muss dich warnen«, Degen beugt sich unvermittelt über den Schreibtisch und schaut dem Detektiv dabei mit kühlem Blick in die Augen, »du bewegst dich da auf dünnem Eis, Lou, auf ganz dünnem Eis! Und ich möchte nicht derjenige sein, der dich tot aus dem Rhein fischt. Oder der dich mit einem Loch im Schädel im Königsforst liegend identifizieren muss. Katharina ist gefährlich! Sie ist eine Kriminelle! Sie …«

»Nun mach mal halblang«, unterbricht ihn Parker ungehalten,

»deine Fürsorge in allen Ehren. Doch du tust gerade so, als sei ich ein blutiger Anfänger! Glaub mir, ich kenn das Risiko, und ich hab vor, dir noch ein paar Jahre den Nerv zu rauben.«

Wie selbstverständlich taucht vor Parkers geistigem Auge das Bild von Alexandra Pino auf. Wie sie ihn anlächelte und ihn zum Abschied auf die Wange küsste.

Nee, das Leben ist viel zu schön, um es sich nehmen zu lassen. Er wird schon gut auf sich aufpassen.

»Und was ist, wenn du den Täter findest? Wirst du ihn Katharina auf dem Silbertablett servieren?«

Jetzt ist es Parker, der die Augen rollt.

»Was denkst du von mir? Du kennst mich, vermutlich sogar besser, als ich mich selber kenne. So etwas kannst du mir doch nicht ernsthaft zutrauen, oder?«

Degen runzelt die Stirn und fährt sich mit der Hand über den Hinterkopf.

»Tut mir leid«, antwortet er ehrlich zerknirscht, »ich hab einfach zu viel um die Ohren mit diesen beiden Fällen!«

Sein Blick wandert zum Fenster und bleibt dort hängen. Eine kleine Weile vergeht, in denen sich die beiden Freunde schweigend gegenübersitzen. Dann:

»Es sind vermutlich zwei unterschiedliche Fälle«, durchschneidet die nüchterne Stimme Degens die Stille. Und ohne dass er seinen Blick abwendet, erklärt er weiter: »Die beiden Morde haben höchstwahrscheinlich nichts miteinander zu tun. Doch müssen wir erst die Ergebnisse der KTU abwarten, ob es sich um ein und dieselbe Tatwaffe handelt.«

Wieder macht Degen eine Pause. Langsam wendet er den Blick vom Fenster weg, um dann Parker geradewegs anzuschauen.

»Es gibt Abweichungen bezüglich der Platzierung der Hoden. Beiden Männern wurden sie abgetrennt. Doch dem ersten Opfer wurden sie in die Hand gelegt. Beim zweiten Mord in Rodenkirchen lagen sie fast zwei Meter vom Leichnam entfernt, in einem Gebüsch.«

»Ein Tier? Vielleicht hat ein Hund die Hoden dort abgelegt?«

Degen schüttelt den Kopf.

»Nein, es wurden weder Bissspuren noch Speichelreste darauf gefunden.«

Parkers Augen weiten sich.

»Also haben wir es hier mit einem Trittbrettfahrer zu tun!«

Sein Gegenüber verzieht den Mund zu einer Grimasse, und Parker befürchtet schon, sein Freund werde gleich vor Wut aufheulen. Er ballt zwar beide Fäuste, ergreift jedoch, ohne seine Stimme zu erheben, wieder das Wort: »Irgendjemand von uns hier hat der Presse Details gesteckt. Und die haben dann natürlich ihre Story gehabt. Von wegen Ritualmord und Verstümmelung! So was verkauft sich immer gut. Diese Typen kennen keine Skrupel, wenn es um Sex und Blut geht. Diese Zeitungshyänen.«

Parker nickt verstehend.

Nur zu gut weiß er, worüber sich sein Freund so aufregt. Und er kann ihn verstehen.

Als er damals am Boden lag, als es ihm so richtig dreckig ging, da gab es auch ein paar von dieser Sorte Mensch, die von seinem Leid profitierten, indem sie Lügen und Halbwahrheiten über ihn geschrieben hatten. Seine Eltern haben darunter gelitten, sich kaum noch aus dem Haus getraut, weil sie befürchten mussten, auf Journalisten zu treffen, die sich ihnen in den Weg stellten und Antworten auf unverschämte Fragen verlangten.

»Und, hast *du* noch was für mich?«, hört er den Kommissar sagen. »Etwas, was *ich* noch nicht weiß?«

»Ich vermute stark, dass es sich bei dem Mord am Rheinufer um eine Beziehungstat handelt.«

»Ah«, entfährt es Degen, dann sagt er: »Wie kommst du zu so einer Einschätzung?«

Parker vergewissert sich, dass er die volle Aufmerksamkeit Degens hat, und fährt fort: »Wie ich herausgefunden habe, hat sich Mike Leander regelmäßig mit einem Mann getroffen. Ich gehe davon aus, dass die beiden ein sexuelles Verhältnis miteinander hatten. Katharina gibt an, ihrem Geliebten Freiheiten gelassen, jedoch nichts über eine Beziehung zu einem oder mehreren Männern gewusst zu haben.«

»Und was hast du jetzt vor?«, will Degen wissen. Parker zuckt mit den Schultern.

»Ich habe eine Beschreibung des Mannes – blond, Pferdeschwanz, Mitte zwanzig. Fährt ein schwarzes Mini-Cabrio mit Siegburger Kennzeichen. Und er verkehrte bis vor Kurzem noch im Brüsseler Viertel. Vielmehr hab ich nicht. Mir bleibt also nichts anderes übrig, als mir dort die nächsten Nächte um die Ohren zu schlagen, in der vagen Hoffnung, dass er auftaucht …«

»… um was mit ihm zu tun?«

Die Frage, von Degen gelassen gestellt, ist nicht ohne Hintersinn. Parker weiß das natürlich. Er hebt abwehrend die Hände vor die Brust und antwortet: »Jo, ich will nur mit ihm reden und ihn nicht verhaften! Das überlasse ich dir! Und ich werde ihn schon gar nicht Katharina zum Fraß vorwerfen! Sollte sich mein Verdacht bestätigen, informiere ich dich umgehend. Versprochen!«

»Und wie wahrscheinlich ist es, dass sich der Kerl nach dem Mord dort in der Gegend rumtreibt?«

»Kann ich dir nicht sagen. Ich habe keine Ahnung, wie der Typ tickt. Am Tatort habe ich Blumen gefunden. Rosen. Wenn das Motiv Eifersucht ist, dann ist der Täter vielleicht über das, was er getan hat, zutiefst erschrocken. Ist verwirrt. Krank vor Schmerz. Sucht Plätze auf, an denen er mit seinem Opfer glücklich war. Ja, das halte ich für möglich.«

»Du hältst ihn für den Täter«, sagt Degen, wobei sich seine Augen verengen, »hab ich recht?« Durchdringend schaut er den Privatdetektiv an, seine Tonlage wird schärfer, als er hinzufügt: »Lou, ich kenn dich! Dich und deinen siebten Sinn! Du hast doch wieder dieses gewisse Bauchgefühl, wovon du auch schon früher gesprochen hast, nicht wahr? Ich erkenne es in deinen Augen und daran, wie du sprichst! Du hast die Seele eines verdammten Bluthundes. Komm, gib es zu!«

Parker kann nicht anders, als laut loszuprusten.

»Ich hab's ja schon immer gesagt: Du solltest Theaterschauspieler werden! Diese Dramatik in deiner Stimme, deine Wortgewalt, deine körperliche Präsenz …« Parker bricht ab und schüttelt belustigt den Kopf.

»Schon gut!«, blafft ihn sein Freund an. »Beruhig dich wieder! Ich gebe dir vierundzwanzig Stunden Vorsprung, dann kannst du mir den Namen deines Verdächtigen nennen, oder ich ...«

»... bitte keine Drohung!«, grätscht Parker dazwischen, immer noch bemüht, sein Lachen zu unterdrücken. »Ich habe es ja verstanden, lieber Jo! Du machst dir Sorgen um mich! Ich werde dich zeitnah über alles unterrichten, was ich in Erfahrung bringe. Ach, apropos in Erfahrung bringen: Wie heißt eigentlich das erste Opfer?«

Degen holt tief Luft und richtet sich auf.

»Du bringst mich noch um den Verstand!«, schimpft er. Parker tut es mit einem Schulterzucken ab.

»Ach komm, Jo«, setzt er hartnäckig nach, »ich bin Privatdetektiv, kein Beamter mehr. Ich muss mir meine kargen Brötchen hart erarbeiten. Vielleicht haben die Angehörigen des Opfers einen Job für mich. Ich muss halt sehen, wo ich bleibe. So wie es aussieht, könnte mein momentaner Auftrag bald abgeschlossen sein. Also bitte, ich brauche doch nur den Vor- und Zunamen.«

»Du gehst mit äußerster Diskretion vor!«

»Selbstverständlich! Jo, du bist mein bester Freund, du kennst mich!« Degen nagt an seiner Unterlippe, schaut wieder zum Fenster und antwortet schließlich:

»Borger! Daniel Borger!«

Parker will etwas erwidern, wird jedoch von einem Klopfen hinter sich davon abgehalten. Er dreht sich herum und sieht Thannhäuser in der offenen Tür stehen.

»Ähm, Herr Degen«, der Mann räuspert sich, »ich glaub, wir müssen – die anderen warten schon.«

★★★

Parker lässt seinen Wagen am »Maybach« vorbeirollen und hält nach einer Parkgelegenheit Ausschau. Und er hat Glück – ein paar Autolängen nach der Lokalität fährt ein alter Benz zurück auf die Straße und macht Platz für den MX5. Parker lächelt zufrieden.

Der Austausch mit seinem Freund hat ihm gutgetan, ihn

aber auch hungrig gemacht. Der Detektiv zieht mit der rechten Hand das Verdeck über seinen Kopf hinweg, verankert und verriegelt es und drückt sich aus dem Ledersitz in die Höhe. Was ihn dann jedes Mal zum selben Gedanken führt: An dem Tag, an dem du die fünfzig überschreitest, kaufst du dir einen Wagen mit etwas mehr Luft zwischen Straße und Sitz! Was das Ein- und Aussteigen erheblich vereinfachen würde.

ACHT

Noch steht die Sonne hoch, und sie hat schon fast die Stärke eines Sommertages erreicht. Nach all dem Schmuddelwetter der letzten Wochen sehnt sich Parker nach Biergartenatmosphäre. Daher entscheidet er sich für die große Außenanlage und gegen das kleine Restaurant im Inneren.

Er geht die Treppenstufen hoch, die wenige Meter vom Haupteingang in den Biergarten führen. Die Tische sind schon gut besetzt. Parker schaut sich um: Tisch 804 ist noch frei. Sein Blick erfasst den direkt dahinter aufragenden Sonnenschirm. Noch steht er geschlossen in der Mitte des Geländes.

Sofort sind die Bilder von früher wieder da! Parker zieht den Stuhl ein Stück vom Tisch weg und setzt sich hin. Er greift nach der Karte, jedoch ohne sich mit dem Speise- und Getränkeangebot zu beschäftigen. Wie viele Abende waren es, die er und seine Kumpels darunter gesessen haben? Wie viele Stunden haben sie saufend unter dem Schirm verbracht? Unzählige!

Unzählig waren auch die Abstürze. Bis zu diesem zwölften August, als Paula plötzlich vor ihm stand. Sie stand vor ihm – ja, richtig! Aber nicht, weil sie ihn so unwiderstehlich fand, sondern weil sie sich über die Lautstärke beschweren wollte. Und über das Gegröle, das aus acht Kehlen von acht besoffenen Männern drang und das so gar nichts Attraktives hatte.

Und schlagartig war es ihm peinlich. Alles war ihm peinlich! Die grottenschlechten Witze, die grottenschlechten Lieder und die noch grottenschlechteren Sprüche. Doch irgendwie hatte er es geschafft, dass sie ihm eine Chance gab. Dass sie auf seine Frage nach einem Wiedersehen einging und tatsächlich zustimmte, sich mit ihm am darauffolgenden Samstag zum Kaffee zu treffen. Selber Ort, andere Uhrzeit. Und er empfand es als Sensation, und das bis heute, dass sie dann auch wirklich erschien.

»Haben Sie schon gewählt?«

Parker schaut hoch, und die junge Frau im weißen Poloshirt mit dem blauen Kölsch-Emblem auf der linken Brustseite lächelt ihn freundlich an.

»Ja, ähm«, antwortet Parker gedehnt, lächelt zurück und versucht, Zeit zu gewinnen. Er hat Hunger, und wenn sie sich jetzt wieder umdreht, ist sie weg, und wer weiß, wann sie wiederkommt. Rasch überfliegt er die Speisekarte und wird fündig: »Ich hätte gerne die 468, den Hamburger mit Steakhouse-Fritten. Und ein großes Wasser mit Gas. Danke!«

»Gerne«, antwortet die Frau, und Parker beobachtet sie dabei, wie sie seine Bestellung in den elektronischen Block eingibt. Bevor sie sich von ihm abwendet, schenkt sie ihm noch ein Lächeln.

Es war eine gute Zeit mit Paula. Es war seine beste Zeit! Drei Jahre beste Zeit! Drei Jahre von sechsunddreißig. Was für ein miserables Zwischenergebnis.

Scheiße, ich hab es so was von versaut. Habe damals mein komplettes Leben gegen die Wand gefahren. Und mich in meinem Selbstmitleid eingekerkert. Hab mich dabei selber gekonnt über den Tisch gezogen. So langsam wird es Zeit, den Rücken grade zu machen und wieder am Leben teilzunehmen.

Ich werde sie anrufen! Heute Abend werde ich sie anrufen!

Als er zwei Stunden später seine Wohnungstür aufschließt, kann selbst der alte Watson seine gute Laune nicht trüben. Und Parker geht sogar so weit, dass er dem Kater im Vorbeigehen beiläufig den Kopf tätschelt, woraufhin dieser ihm mit großen Augen hinterherglotzt. Ungläubig, wie Parker findet.

★★★

Ein schneller Blick auf die Uhr: kurz vor acht. Er nickt grimmig und zieht den schwarzen Motorradhelm an. Er wird nicht lange brauchen. Die Strecke schafft er unter dreißig Minuten. Entschlossen dreht er den Schlüssel um und startet den Motor.

Der Plan steht. Er liebt es, wenn aus seinen Gedanken Bilder werden. Ein untrügliches Zeichen dafür, dass alles gut gehen wird. Oh, er kann es spüren, am ganzen Leib, in jeder Pore seiner Haut – das Prickeln, das sich seiner bemächtigt, ausgelöst durch den Film in seinem Kopf, der bereits das zeigt, was noch vor ihm liegt. Sogleich überkommt ihn ein kaum zu beschreibendes Glücksgefühl. Ein Glücksgefühl, das sich mit seiner Anspannung paart. Ihn hellwach macht und sensibel macht für alles, was um ihn herum passiert. Es ist diese Fähigkeit, die ihn von anderen Menschen unterscheidet. Die Fähigkeit, Dinge, die in der Zukunft liegen, vorauszusehen.

In diesen Momenten fühlt er sich unglaublich stark, weil er es ist, der den Lauf der Geschichte bestimmt. Und er bestimmt, wer leben darf und wer sterben muss. Ja, es berauscht ihn! Berauschend sind auch das dumpfe, trockene Grollen der schweren Maschine unter ihm und die Kraft, die von ihr ausgeht. Er genießt die Anstrengung, die sie im abverlangt, und die Konzentration, die unabdingbar ist, will man das Motorrad beherrschen. Es ist ein Akt der Verschmelzung, und jede Unebenheit auf dem Asphalt überträgt sich direkt und unmittelbar auf den gesamten Körper des Fahrers.

Er ist da. Die Sonne ist bereits untergegangen, und die Abenddämmerung breitet sich aus. Das dumpfe Motorengeräusch erstirbt, Stille. Seine Füße fest auf dem Boden, schaltet er das Licht aus, nimmt den Helm ab und peilt das etwa zehn Meter entfernte Ziel an. Auf seinem Gesicht macht sich ein triumphierendes Lächeln breit. Jetzt heißt es warten. Aber zu warten fällt ihm nicht schwer. Warten ist er gewohnt. Bereitet ihm sogar Vergnügen.

Es verhält sich so wie mit der Katze und der Maus. Der Jäger muss geduldig sein. Muss warten, bis die Maus aus ihrer Deckung läuft. Sich zeigt. Und wenn sie versucht, in ihren Unterschlupf zu gelangen, muss der Jäger zuschlagen. Natürlich könnte er der Beute entgegengehen, sie aufspüren, doch die Gefahr, dabei Spuren zu hinterlassen, ist zu groß. Zudem könnte es sein, dass man auf ihn aufmerksam wird. So, dass man ihn später beschreiben kann. Bloß kein Risiko eingehen. Warum auch! Nein, er hat Zeit. Irgendwann wird er auftauchen. Das ist sicher. Dann wird er ihm folgen.

★★★

Den Kopf fast völlig in der Schüssel, macht sich Watson in einer unglaublichen Geschwindigkeit über sein Fressen her. Und das laut schmatzend. Belustigt verfolgt Parker die Darbietung.

»Na dann, guten Hunger!«, ruft er dem Kater zu und wendet sich ab. Nein, dieses Tier hat aber so gar nichts mit seinen feinen Artgenossen aus der Werbung gemein. Parker marschiert mit dem Mobiltelefon in der Hand von der Küche ins Bad, wirft einen kritischen Blick in den Spiegel, geht näher heran und betrachtet seine Augenringe.

Verflucht, er muss mehr schlafen. Und er muss sie anrufen! Jetzt!

Scheiße, ist er nervös!

Er setzt sich auf den Rand der Badewanne und wählt ihre Nummer. Nach dem zweiten Freizeichen:

»Ja bitte?« Hört er da ein leichtes Beben in ihrer Stimme?

»Hallo, Alex, hier ist Lou!«

»Hey, wie schön!« Deutliches Beben in der Stimme! »Das freut mich, dass du anrufst!«

Parker strahlt in den Hörer.

»Und mich freut es, dass du dich freust! Ich möchte dich gerne wiedersehen und lade dich hiermit zum Essen ein. Hast du Lust?«

»Klar! Wo und wann?«

»Hast du morgen Abend Zeit?«

»Habe ich!«

»Okay! Wie wäre es mit ...« Sie unterbricht ihn: »Warte mal eine Sekunde, da kommt gerade ein Gast! Ich leg dich mal eben zur Seite und bin gleich wieder für dich da.«

»Ähm, kein Problem, ich warte ...«

Parker hört sie sprechen, hört noch eine andere Stimme, versteht aber nichts. Er steht auf, schaut noch mal in den Spiegel und sieht sich breit grinsen. Sein Grinsen begleitet ihn, als er ins Wohnzimmer geht und sich dort ans Fenster stellt. Das diffuse Licht der Straßenbeleuchtung klebt an den Häuserfassaden gegenüber und legt sich auf die davor geparkten Autos. Parker vernimmt noch immer das Stimmengewirr, das aus dem Mobiltelefon an sein Ohr dringt. Hm, da scheint ja einer ein etwas größeres Anliegen zu haben. Dann endlich:

»*Scusami*, Lou«, meldet sie sich zurück, »aber je teurer die Uhr, der Anzug oder das Kostüm, desto anstrengender der Gast. Gastronomenweisheit. Ausnahmen mag es geben, bestätigen aber die Regel. Also, wo waren wir stehen geblieben?«

»Bei der Lokalität, die ich dir vorschlagen möchte.« Parker lauscht abwartend in den Hörer hinein. Sekunden vergehen.

»Ja«, erwidert sie in erwartungsvollem Tonfall und fragt: »Und wo möchtest du mit mir hingehen?«

»Sagt dir die griechische Küche zu?«

»Ja!« Er hört sie glucksen. »Machst du es mit all deinen Vorschlägen so spannend?«

»Ja«, gibt Parker trocken zurück und fährt gewandt fort: »Dann hole ich dich morgen um zwanzig Uhr von zu Hause ab.«

»Sehr schön! Ich freue mich! Also dann bis morgen Abend.«

»Ich freu mich auch! Bis morgen, Alex!«

Kaum hat Parker die Verbindung beendet, da ertönt der Klingelton in seiner Hand. Der Detektiv blickt auf das Display – Nummer unbekannt.

»Parker!«

»Ja, hallo.« Die jugendliche Stimme am anderen Ende der Leitung klingt etwas gehetzt. Im Hintergrund hört Parker lautes Gelächter und Musik.

»Ich bin Pete«, erklärt die Stimme weiter, »und arbeite im ›Hallmackenreuther‹. Mein Chef hat gesagt, sollte Benjamin hier noch mal auftauchen, soll ich Sie direkt anrufen. Ich hab's schon mehrmals versucht ... doch bei Ihnen war besetzt.«

»Benjamin ist der Mann mit dem Pferdeschwanz?«

»Ja ...«

»Ich bin in dreißig Minuten da! Wenn er gehen will, versuchen Sie ihn aufzuhalten.«

»Benni ist schon wieder weg! Ist gerade raus!«
Parker unterdrückt einen Fluch.
»Kennen Sie den vollen Namen des Mannes?«, fragt er stattdessen.
»Den kenne ich! Und ich weiß auch, wo Benni wohnt.«

Benjamin Guthardt. Wohnt in der Aulgasse 12b, in Siegburg. Parker gibt das Ziel in sein Navi ein.
»Die Route ist berechnet«, teilt ihm wenig später die weibliche Stimme mit. Der Detektiv schaut auf den kleinen Bildschirm – zweiunddreißig Komma eins Kilometer. Sollte die A 3 einigermaßen frei sein, wäre er in einer knappen halben Stunde dort. Um diese Uhrzeit könnte es hinhauen. Parker startet den Motor.
Damit hat er nicht gerechnet. Vor- und Zuname und dann noch die Adresse! Pete hatte am Telefon erklärt, dass er Benni seit der Schulzeit kenne. Sie waren beide auf demselben Gymnasium und haben gemeinsam Abi gemacht. Manchmal kommt einem wirklich der Zufall zu Hilfe.
Sollte er jetzt schon seinen Freund Degen anrufen? Er hatte es versprochen!
Nein, es wäre zu früh! Parker beschließt, erst mal allein mit diesem Benjamin zu sprechen. Schließlich hat er einen Auftrag, und er kann ihn erst zum Abschluss bringen und sein Honorar einstreichen, wenn er den Mörder von Mike gefunden hat. Noch ist Benjamin Guthardt allenfalls ein Zeuge. Nicht mehr und nicht weniger.
Parker formuliert im Geiste die Fragen, die er dem jungen Mann stellen will. Vor allem: Warum ist er nicht zur Polizei gegangen? Wenn er nicht der Täter ist, so wird er doch die Schlagzeilen in den Zeitungen gelesen haben. Oder ist ihm gar nicht klar, dass es sich bei dem Opfer um seinen Freund handelt?

Es ist kurz nach zweiundzwanzig Uhr, als der Detektiv vor der Hausnummer 12b seinen Wagen abstellt. Er schaut hoch – im zweiten Stock brennt Licht. Parker tritt an die Eingangstür des dreigeschossigen Hauses, überfliegt rasch die Klingelschilder und findet den Namen Guthardt auf Anhieb.

Seine Finger schon auf dem Klingelknopf, bemerkt Parker, dass die massive Holztür nur angelehnt ist. Aus Gewohnheit – bloß keine Spuren verwischen! – stößt er die Tür sachte mit dem Knie auf. Das Treppenhaus liegt im Dunklen.

Seinem Instinkt folgend macht er kein Licht. Konzentriert geht er die Stufen nach oben, bemüht, sich dabei so lautlos wie möglich zu bewegen.

Jetzt ist er im ersten Stock angekommen und bemerkt den schwachen Lichtschein, der von dem Stockwerk darüber zu ihm auf den Treppenabsatz fällt. Parker atmet tief durch und steigt auf Zehenspitzen die restlichen Stufen empor. Die Wohnungstür ist ebenfalls nur angelehnt. Sein Blick registriert das Namensschild. Wieder achtet er darauf, mögliche Fingerabdrücke nicht zu verwischen.

Parker drückt die Tür auf, wobei er diesmal nur den äußersten Rand des Knaufs berührt. Auf der Schwelle bleibt er stehen.

»Herr Guthardt!«, ruft er in die hell erleuchtete Wohnung hinein. »Sind Sie zu Hause?«

Keine Antwort.

Parker wiederholt seine Frage, wartet kurz und wagt sich dann weiter in den Flur vor. Beim Eintreten streift sein Blick rechts an der Wand ein Regal, auf dem einige Briefe und ein Schlüsselbund liegen. Daneben eine geschlossene Tür. Aus einem offenen Zimmer am Ende des Flurs dringt Licht und gedämpfte Musik.

»Herr Guthardt, sind Sie da?«

Parker verharrt auf der Stelle und lauscht dem Verebben seiner Stimme. Er hört seine eigenen Atemgeräusche und die Musik, sonst ist es still in der Wohnung. Achtsam setzt er einen Fuß vor den anderen und geht langsam auf das Zimmer zu. Seine Ledersohlen verursachen auf den Steinfliesen bei jedem Schritt knirschende Geräusche, leise zwar, doch laut genug, um Parker zum Schwitzen zu bringen.

In diesem Moment verflucht der Detektiv die Tatsache, dass er so gut wie nie eine Waffe bei sich trägt. Die, die er besitzt, befindet sich wohlverwahrt in einem kleinen Wandsafe in seiner Wohnung.

Parker schließt kurz die Augen, versucht sich vorzustellen, was ihn im Raum erwartet. Er muss mit einem Angriff rechnen. Wahrscheinlich ist sein Gegner bewaffnet. Und er hat keine Ahnung, wer der Angreifer ist. Kann die Gefahr, die von ihm ausgeht, nicht einschätzen. Für einen winzigen Moment wird die innere Stimme lauter, die ihm zuruft, die Wohnung schleunigst zu verlassen:

»Informiere Jo und lass das hier die Kollegen von der Polizei übernehmen.«

Ja, das wäre wohl das Vernünftigste! So was lernt man schon im ersten Jahr auf der Polizeischule. Eigenschutz geht vor alles!

Als Parker beherzt in das Zimmer tritt, sind all seine Sinne und Muskeln gespannt, bereit, sich einer möglichen Attacke zu stellen. Im Bruchteil einer Sekunde überblickt er die Szene, begreift sein Gehirn das, was seine Augen sehen:

Die Blutlache, die sich auf dem Parkett unförmig ausgebreitet hat, kommt Parker enorm groß vor. Der Körper des Mannes liegt unnatürlich verrenkt auf dem Rücken, die offenen Augen starren zur Decke. Das junge Gesicht ist auf fürchterliche Weise verzerrt. Der Detektiv nähert sich dem Mann, er bückt sich und registriert die zahlreichen Wunden am Oberkörper und am Hals, aus denen Blut sickert. Das vormals weiße T-Shirt des Mannes ist dunkelrot verfärbt.

Parker legt Zeige- und Mittelfinger auf die Halsschlagader. Kein Puls! Verflucht, er hat schon viele Mordopfer gesehen, und es ist nie einfach, den Anblick zu verkraften, aber das hier ist schon … Parker bemerkt den Angreifer, der sich von hinten angeschlichen hat, zu spät. Noch bevor er hochschnellen kann, spürt er den harten Schlag im Nacken und sackt in sich zusammen.

Der stechende Schmerz, der sich vom Hinterkopf über den Nacken bis in die Beine erstreckt, lässt ihn aus seiner Bewusstlosigkeit erwachen. Blinzelnd öffnet er die Augen, um sie sogleich wieder zuzukneifen. Dumpf dringt ein tiefes Stöhnen zu ihm durch und erschreckt ihn. Es dauert eine Weile, bis sein Verstand begreift, dass das Wehklagen aus seiner rauen Kehle kommt. Der erneute Versuch, die Augen zu öffnen, verursacht Übelkeit.

Die Umgebung verschwimmt, er sieht die Gegenstände doppelt, und alles um ihn herum scheint in Bewegung zu sein.

Sein Wille befiehlt ihm, sich gegen den Reflex, die Augen wieder zu schließen, aufzulehnen. Unter größter Anstrengung gelingt es ihm.

Mühsam richtet er seinen Oberkörper auf. Zieht dann die Beine zu sich heran und kommt auf die Knie. An seinen Händen klebt Blut! Blut auch auf seiner Brust! Auf seinem Bauch! Entsetzt rutscht er auf allen vieren rückwärts aus der Blutlache. Will sich von ihr entfernen! Kann ihr jedoch nicht entfliehen. Schleift sie mit sich. Wie eine rote Spur folgt sie ihm.

Schließlich bleibt Parker keuchend auf der Türschwelle liegen.

Sein Atem drückt sich stoßweise aus der Brust heraus. Wenn doch nur der brutale Schmerz in seinem Schädel nicht wäre. Und dann fällt ein zweites Mal der schwere dunkle Vorhang – Parker wird wieder ohnmächtig.

Eine unsichtbare Macht scheint ihn durch einen Tunnel in die Tiefe zu ziehen, der in einen rasant rotierenden Strudel mündet. Parker versucht, sich an irgendwas festzukrallen, doch es ist nichts da, was ihn vor dem Absturz bewahren könnte. Er rudert mit Armen und Beinen. Doch er fällt haltlos weiter. Gleißende Blitze schießen auf ihn zu, ohne ihn zu treffen. Und Parker stürzt weiter nach unten. Immer tiefer, immer schneller. Sein Herz rast. Er hat das Gefühl, als überschlage es sich in der nächsten Sekunde. Wie lange wird es noch dauern? Fast wünscht er sich, dass es endlich vorbei wäre. Dann ist da plötzlich nur noch Schwärze um ihn herum. Abrupt endet der Flug, doch der Aufprall bleibt aus.

Eine Stimme in seinem Inneren drängt sich in sein Bewusstsein, holt ihn zurück.

Sein Mund ist trocken. Er schluckt. Spärlicher Speichelfluss. Er schluckt ein weiteres Mal, befeuchtet seine Lippen mit der Zunge. Er schlägt die Augen auf.

Das Bild ist nur noch leicht verschwommen. Seine Sehschärfe kommt rasch zurück, und er nimmt seine Umgebung wieder deutlich wahr. Keine Schwankungen mehr. Wie viel Zeit seit seinem Niederschlag bis jetzt vergangen ist, vermag Parker nicht zu sagen, doch er spürt, wie sich sein Denkvermögen zurückmeldet.

Parker, der seinen Blick nicht von dem Toten nehmen kann, der zwei Meter vor ihm in seinem eigenen Blut liegt, greift in seine Jackentasche und zieht das Mobiltelefon heraus.

Wenige Sekunden später tönt ihm die Stimme seines Freundes entgegen:

»Hey, Lou«, Degen klingt verwundert, aber nicht vorwurfsvoll, »was ist los? Es ist kurz nach zwölf und ich ...«

»Ich freu mich auch, dich zu hören!«, unterbricht ihn der Detektiv matt. Viel muss Parker nicht erklären, Degen versteht sofort. Mit der Bitte, die wie eine Anordnung klingt, sich nicht von der Stelle zu rühren, er sei in einer halben Stunde bei ihm, beendet der Kommissar das Telefonat.

»Oh verflucht«, stöhnt Degen kopfschüttelnd, während er auf Parker zugeht. Der Detektiv sitzt mittlerweile mit einem Kühlpack im Nacken auf einem Holzstuhl in Guthardts kleiner Küche.

»Was für eine Sauerei!«, schimpft Degen weiter. »Was für ein brutales Vorgehen! Der arme Junge! So wie es aussieht, hatte er keine Chance, dem Mörder etwas entgegenzusetzen. Vermutlich stammen die Wunden von Messerstichen. Von der Tatwaffe ist nichts zu sehen. Scheint der Täter mitgenommen zu haben. Aber das muss die KTU herausfinden, die hiesigen Gerichtsmediziner und die Spurensicherung. Die Siegburger Kollegen haben hier alles im Griff.« Parker nickt ernst und legt das Kühlkissen beiseite.

»Was ist mit den Nachbarn?«, will er wissen. »Haben die was mitgekriegt?«

Degen verzieht die Mundwinkel und fährt sich mit der Hand durch die Haare.

»Die Befragung der Nachbarin vom Parterre hat bisher nicht so viel ergeben. Die Frau ist vierundneunzig und schwerhörig. Tja, und die Mieter hier obendrüber sind wohl verreist, sagt die alte Dame.«

Parker lässt den Kopf hängen und sagt leise: »Und ich kann dir leider auch nicht helfen! Ich hab den Kerl nicht kommen hören, und als ich ihn hinter mir bemerkte, gingen bei mir auch schon die Lichter aus. Dass ich mich hab so überrumpeln lassen! Unverzeihlich! Verdammt, Jo, ich hab mich wie ein blutiger Anfänger verhalten!«

Parker blickt zu Degen auf. Jo erwidert den Blick mit hochgezogenen Augenbrauen. Streng schaut er zu seinem Freund herunter.

»Da muss ich dir ausnahmsweise mal zustimmen«, erklärt er scharf, »und ich weiß nicht, mit welcher deiner Dummheiten ich anfangen soll! Ich kürze es ab: Du bist unbewaffnet in eine dir fremde Wohnung eingedrungen, hast keine der verschlossenen Räume gesichert ... Und vor allem hast du nicht ...«, Degen starrt den Detektiv auffordernd an, »na, kommst du selber drauf? Was hast du versäumt?«

»... die Kollegen gerufen!« Parker verdreht schuldbewusst die Augen.

»Oh nein, Lou«, Degen hebt drohend den Zeigefinger, sein Gesicht ist jetzt fast dunkelrot, die Zornesfalte auf der Stirn unübersehbar, »es sind nicht deine Kollegen! Es ist die Polizei! Kollegen hast du keine mehr. Du bist, wie du mir selber mehr als einmal deutlich erklärt hast, Privatermittler. Kein Staatsdiener, das ist vorbei! Und ich habe dich gewarnt. Ich habe dich vor diesem Fall gewarnt. Du kannst von Glück sagen, dass du noch lebst! Der, der da drinnen«, Degen reißt den Arm hoch und zeigt mit dem ausgestreckten Finger in Richtung Wohnzimmer, »gewütet hat, hätte dich auch kalt lächelnd, verzeih mir das Wortspiel, über die Klinge springen lassen können. Keine Ahnung, warum er dich verschont hat.

Wenn du dir den armen Jungen anschaust, wird doch eines sonnenklar: Der Mörder ist ein Verrückter! Ein Besessener! Einer, der unglaublich viel Wut in sich trägt. Ich weiß nicht, wie oft er zugestochen hat, das wird die Gerichtsmedizin klären, aber die Stiche müssen mit einer ungeheuren Wucht ausgeführt worden sein. An manchen Stellen ist der spitze Gegenstand so hart eingedrungen, dass der Körper dort regelrecht zerfetzt wurde. Ich könnte kotzen! Wenn sich herausstellen sollte, dass es sich hier um dieselbe Tatwaffe handelt, hab ich jetzt drei Morde ...«

Degen bricht ab, starrt mit versteinerter Miene vor sich auf den Boden. Parker beobachtet ihn schweigend. Sein Freund hat sich in Rage geredet. Selbst einem so erfahrenen und professionellen Polizisten wie Degen passiert so etwas. Passiert, dass die Emotionen durchbrechen. Dann kann es leicht geschehen, dass der Damm bricht! Parker versteht, was in seinem Freund vorgeht: zu viele Tote, zu viele Grausamkeiten, zu viel Schmutz. Und Bilder, die man nie wieder löschen kann, die eingebrannt sind. Die einen heimsuchen, wenn man nicht damit rechnet. Die einem endlos lange Nächte bereiten, Nächte, in denen man keinen Schlaf findet, weil die Erinnerungen zu grausam sind. Manchmal und für kurze Zeit hilft Alkohol. Oder harte Drogen. Oder auch Sex. Betäuben. Überdecken. Flüchten.

»Motiv Rache?«, fragt Parker nach einer Weile in das Schweigen hinein. Degen zieht die Schultern hoch.

»Kann sein!«

Er dreht den Kopf und sieht seinem Freund direkt in die Augen. Ein missglücktes Lächeln. Dann: »Jetzt bring ich dich erst mal ins Krankenhaus. Die sollen sich mal deinen Betonschädel anschauen!«

Parker will etwas entgegnen, doch der Kommissar ist schneller:

»Keine Widerrede! Du hast dein Parker-baut-Scheiße-Konto bei mir für die nächsten Jahre überzogen! Also hoch mit dir, lass uns gehen!«

Zwei Stunden später stehen die beiden Freunde wieder auf

der Straße, vor Parkers Wagen. Mit einer knappen Handbewegung fordert Degen den Autoschlüssel ein.

»Ich fahr dich jetzt nach Hause!«, brummt er bestimmend. Parker nickt wortlos, lässt den Schlüssel in Degens offene Hand fallen und begibt sich auf die Beifahrerseite. Das Mittel, das man ihm im Krankenhaus verabreicht hat, zeigt Wirkung. Parker fühlt sich zwar wie gerädert, doch immerhin sind die stechenden Schmerzen aus Kopf und Nacken verschwunden.

Folgsam hatte er alle Untersuchungen über sich ergehen lassen, aber als man ihn zur Beobachtung dabehalten wollte, hatte er protestiert. Was sollte das auch? Über Nacht dableiben! Und was ist mit Watson? Das arme Tier braucht ihn – wer soll denn seinen Napf füllen? Außerdem hatten die Ärzte nichts feststellen können, und das Röntgenbild hatte auch nichts ergeben, was auf einen bleibenden Schaden hingewiesen hätte. Vier von diesen Zauberkapseln haben sie ihm freundlicherweise mitgegeben und ihm eindringlich geraten, am nächsten Tag den Hausarzt aufzusuchen. Was Parker dann auch abgenickt hat.

Hausarzt? Hat er keinen! Das hatte er aber für sich behalten.

NEUN

Stumm stiert Parker durch die Frontscheibe auf den Asphalt. Sternenklare Nacht. Häuserzeilen rauschen an ihm vorbei. Nur vereinzelt Menschen auf der Straße. Ein komisches Gefühl, im eigenen Auto Beifahrer zu sein. Er kann sich nicht daran erinnern, während der Fahrt jemals auf diesem Platz gesessen zu haben.

Keine Frage, er ist heilfroh darüber, dass sein Freund am Steuer sitzt und nicht er. Parker ist mehr als nur angezählt. In seinem Zustand Auto zu fahren wäre unverantwortlich.

Rote Ampel. Das Fahrzeug stoppt. Parker blickt aus dem Seitenfenster und sieht einen Hund, groß und zottelig, der allein und ohne Halsband vor einem am Straßenrand geparkten Kleinlaster hockt. Der Hund wirkt auf Parker seltsam verloren. Ihre Blicke treffen sich.

Die Ampel wechselt auf Gelb, und Degen gibt Gas. Mit traurigen Augen schaut der Vierbeiner dem anfahrenden Sportwagen hinterher. Was mag mit ihm sein? Um diese Uhrzeit allein unterwegs? Wahrscheinlich ist der Besitzer irgendwo in der Nähe, beruhigt Parker sich.

Seine Gedanken schweifen ab, verlassen den Hund. Alex! Na hoffentlich habe ich mich bis morgen Abend wieder ansatzweise regeneriert. Es käme einer Katastrophe gleich, müsste er das Date mit ihr absagen.

»Du weißt selber, dass du verdammt noch mal mehr Schwein hattest als Verstand«, unterbricht Degen das lange Schweigen. Seine Stimme klingt versöhnlich.

»Hm«, knurrt Parker, »ist mir schon klar!«

»Und was hast du nun vor?« Parkers Aufmerksamkeit gilt für eine Sekunde dem Autobahnhinweisschild, das der Sportwagen auch schon im selben Moment passiert und hinter sich lässt. Automatisch sucht sein Blick den rot erleuchteten Tacho – die Nadel zeigt einhundertsiebzig. Ein leichtes Schmunzeln legt sich auf sein Gesicht. Sieh an, der gute Degen scheint Gefallen am Roadster-Feeling zu finden! Na ja, um diese Uhrzeit macht es auch selbst auf der A 4 Laune, tief zu fliegen! Parker mag es lieber ganz klassisch – Landstraßen und Serpentinen. Da geht das Herz eines jeden Roadster-Fahrers auf.

»Was ist? Bist du eingeschlafen?«

Ah ja, Parker streicht sich über die Augen, da war noch was: Degens Frage nach seinem Vorhaben.

»Ich werde ins Bett gehen«, erklärt er lakonisch.

Der Detektiv hört seinen Freund neben sich schnaufen.

»Das will ich dir auch geraten haben!«, antwortet er. »Aber du weißt schon sehr genau, was ich meine!«

»Ach, Jo, ich bin jetzt einfach nur kaputt und will bloß noch in die Kiste!« Parker gähnt demonstrativ.

»Okay, schlaf dich erst mal aus. Und dann stehst du morgen aber bitte vor vierzehn Uhr bei mir auf der Matte und lässt deine Aussage protokollieren. Ist klar, ne?«

Parker bejaht grunzend.

»Schön! Es freut mich, dass du meine Arbeit zu würdigen weißt.«

Schweigen. Parker wendet den Kopf und schaut mit müden Augen aus dem Beifahrerfenster. »Ich hab jemanden kennengelernt!«, erklärt er unvermittelt.

Ohne den Blick von der Bahn zu nehmen, ruft Degen erstaunt: »Eine Frau?«, und kassiert dafür postwendend einen scheelen Seitenblick seines Freundes.

»Ja, stell dir vor, 'ne Frau!«, zischt Parker. Degen antwortet mit einem tiefen Seufzer und fragt: »Und, wie heißt sie? Wie alt ist sie? Was macht sie?«

***

Geduscht, rasiert und gestärkt nach zwei Tassen Kaffee und zwei Broten mit Rührei und Schinken, verlässt Parker beflügelt die Wohnung und tritt in den herrlichen Sonnentag. Er fühlt sich bis auf die Schmerzen im Nacken, die dank der Tabletten auszuhalten sind, gut und erholt. Traumlos und tief war sein Schlaf gewesen. Froh darüber, wieder einigermaßen auf dem

Damm zu sein, reibt Parker sich die Hände – er freut sich auf Alex und auf den bevorstehenden Abend mit ihr. Aber bis dahin sind es noch fast acht Stunden.

Parker schließt den MX5 auf und entscheidet sich trotz idealem Cabrio-Wetter für das Verdeck und gegen das Open-Air-Feeling. Wegen seiner lädierten Nackenpartie verzichtet er auf den Fahrtwind. Kaum hat Parker im Wagen Platz genommen, bemerkt er, dass irgendetwas nicht stimmt.

Ihm fällt die gestrige nächtliche Rückfahrt von Siegburg nach Hause ein und Degen.

Der saß am Steuer! Schmunzelnd drückt Parker den Sitz zurück, bis dieser mit einem leisen Klacken einrastet, streckt die Beine aus und stellt den Rückspiegel ein.

Degen! Keine Ahnung, wie sein Freund so fahren kann – eingeklemmt zwischen Lenkrad und Fahrersitz.

Parker tritt Kupplung und Bremse, dreht den Schlüssel und fährt behutsam erst mit dem Vorder- und dann mit dem Hinterreifen vom Bordstein auf die Fahrbahn.

Katharina! Wieder hatte er noch vor dem Frühstück mit ihr telefoniert. Sie gab sich ziemlich reserviert, sagte, sie habe heute keine Zeit für ihn, dringende Geschäfte, man könne sich ja morgen, am frühen Mittag, treffen. Dann legte sie auf. Ohne dass sie nach dem Stand seiner Ermittlungen gefragt hätte. Dabei gab es durchaus was zu berichten. Doch Katharina hatte das Telefonat nach weniger als zwei Minuten beendet.

Täuschte er sich, oder lag da in ihrer Stimme so etwas wie Unsicherheit? Unsicherheit! Hm, trifft es das? War es nicht eher Befangenheit, die er herausgehört zu haben glaubt? Oder hatte sie bloß einen schlechten Tag? Vielleicht steckt aber auch mehr hinter ihrer … Zurückhaltung. Vielleicht hat Degen recht, und der Fall ist tatsächlich eine Nummer zu groß für einen allein.

Wie sagte sein Freund so passend: Das sind nicht deine Kollegen! Kollegen hast du keine mehr!

Ja, er arbeitet allein, ohne die Kavallerie im Rücken. Da ist keiner, der ihm Feuerschutz gibt. Er ist auf sich allein gestellt. Ein einsamer Auftragsschnüffler!

Und wie weit war er in dem Fall? Was kann er Katharina präsentieren? Einen weiteren Toten! Und noch mehr Fragen!

Wer war Benjamin Guthardt? Und wo ist die Schnittstelle, die die drei Morde miteinander verbindet? Dass es eine Verbindung gibt, davon ist er überzeugt. Insgeheim hofft Parker darauf, dass er, nachdem er seine Aussage gemacht hat, die Gelegenheit bekommt, sich mit seinem Freund auszutauschen. Oder um es deutlicher zu sagen, dass Degen ihm die Gelegenheit dazu gibt! Sein Freund ist zurzeit nicht gerade gut auf ihn zu sprechen. Und er kann es ihm noch nicht mal verübeln.

Eineinhalb Stunden später steht er im Büro seines Freundes.

»Hast du noch einen Moment für mich?« Parkers Stimme klingt ungewohnt unterwürfig. Argwöhnisch funkelt ihn der Kommissar an, der bereits eine Hand auf der Türklinke und die andere auf Parkers Schulter gelegt hat, in der Absicht, ihn zu verabschieden. Sie haben alles erledigt, das Protokoll ist geschrieben.

»Warum?«, fragt Degen misstrauisch.

»Na ja«, weicht Parker aus, weil er nicht weiß, ob er aus taktischen Gründen besser unsicher wirken soll. Er sieht, wie Degen tief Luft holt, ein untrügliches Zeichen dafür, dass er gleich lospoltern wird, und entscheidet sich dafür, ihm zuvorzukommen.

»Jo, du hast absolut recht – der Fall ist eine Nummer zu groß für mich! Seit gestern Abend trage ich mich mit dem Gedanken, alles hinzuschmeißen. Es hat doch so alles keinen Sinn mehr – ich bin sechsunddreißig, ich muss an meine Zukunft denken. Ich überlege ernsthaft, mir einen Job bei einem Sicherheitsdienst zu suchen. So, jetzt ist es raus!«

Der rhetorischen Übertreibung und logischen Widersprüche seiner Ausführung bewusst, schaut Parker seinen Freund herausfordernd an. Der rollt die Augen und hält ihm empört entgegen:

»Lou, ich kenn dich! Komm mir jetzt nicht so! Wenn du glaubst, du könntest auf der Mitleidschiene bei mir was erreichen, hast du dich geschnitten!«

Parker quittiert die Antwort mit einem bedächtigen Nicken, schweigt und wartet ab. Doch Degen nimmt die Hand von Parkers Schulter weg, wendet sich ab und kehrt zu seinem Schreibtisch zurück. Schnaubend lässt er sich dahinter auf seinen Drehsessel fallen. »Also, was willst du?«

»Dass wir den Fall, der ja auch deiner ist, gemeinsam durchgehen, meinetwegen auch im Rollenspiel, Täter – Opfer, so, wie wir es früher gemacht haben. Erinnere dich, wir waren gut darin. Mensch, Jo, ich brauche dich! Nur dies eine Mal noch ... gemeinsam ... als Team!« Degen legt seine Hände auf den Tisch und verschränkt die Finger ineinander. Parker beobachtet, wie sein Freund das Kinn hebt, und hört, wie er geräuschvoll einatmet. »Einverstanden«, antwortet er milde, wobei sein prüfender Blick bleibt.

»Nun frag schon!«

»Wurden Benjamin Guthardt ebenfalls die Hoden ...?«

Noch bevor Parker seinen Satz zu Ende führen kann, antwortet der Kommissar kopfschüttelnd: »Nein! Auch war, wie du dich vielleicht erinnern kannst, das Opfer diesmal vollständig bekleidet.«

»Könnte es sein, dass ich den Täter davon abgehalten habe, sein ...«, Parker hält kurz inne und schreibt mit den Fingern die imaginären Anführungsstriche in die Luft, »›Werk‹ zu vollenden?«

Degen legt den Kopf auf die Seite.

»Möglich. Denk nach, Lou, hast du was, dass diese Theorie stützen könnte? Irgendetwas! Hol dir die Situation, in der du die Wohnung betreten hast, noch mal ins Bewusstsein! Du warst als Erster am Tatort. Ich muss dir nicht sagen, welche Bedeutung das hat.«

Der Detektiv legt die Stirn in Falten und kramt in seinem Gedächtnis, findet aber nichts. »Tut mir leid, Jo, ich hab dir alles gesagt«, antwortet Parker, und als er den enttäuschten Gesichtsausdruck seines Freundes bemerkt, erklärt er schnell: »Ich denke auch, es handelt sich um zwei Täter. Der Mörder von Mike Leander hat nichts mit dem Deutz-Mord zu tun. Bis auf die Tatsache, dass beide Opfer auf die gleiche Art und Weise verstümmelt wurden. Aber das stand in der Zeitung, sodass Mikes Mörder es so hat aussehen lassen, als sei es bereits der zweite Mord in Serie. Dass dem ersten Opfer die Hoden in die offene Handfläche gelegt wurden, wusste er nicht. Doch diese fehlende Kenntnis ist der entscheidende Hinweis: Ihm fehlte das Täterwissen! Und ich habe es dir schon gesagt: Ich glaube, Mike wurde von seinem Liebhaber umgebracht, und zwar aus Eifersucht. Ganz profan!«

»Verstehe! Und der Liebhaber von Leander war Benjamin Guthardt.«

Parker ermuntert seinen Freund mit einem nachdrücklichen Nicken.

»Aber ...« Degen starrt mit nachdenklicher Miene an Parker vorbei ins Leere.

»Aber?«, souffliert Parker.

Degen schüttelt sich kurz und schaut dem Freund ins Gesicht, »... warum und vor allem von wem wurde Guthardt auf diese brutale Weise ermordet?«, beendet er seinen Satz.

»Ich schätze, von der Person, die auch schon für den Mord an Borger verantwortlich ist.«

»Und warum weicht diese Person von seinem Ritual ab? Verflucht, Lou, das war doch genau unsere Eingangsfrage!« Degen massiert mit beiden Händen seine Schläfen, so als sei ihm das Ganze hier zu anstrengend oder als leide er an Kopfschmerzen.

»Weil er nicht in mein Schema passt! Weil er es nicht wert ist, dieser kleine Pisser!« Parker räuspert sich. »Ich nehme jetzt mal die Rolle des Mörders ein: Ich bin stinksauer darüber, dass einer versucht, mich nachzuahmen. Und das auf eine dilettantische Art und Weise. Und der bekommt auch noch die Schlagzeile, die Aufmerksamkeit. Dabei bin ich der Künstler – oder wahlweise der Rächer. *Ich* habe das wahre Motiv für meine Taten. Habe das *alleinige* Recht, zu töten. Niemand sonst! Ich gehe planvoll vor. Ich bin stets Herr der Lage. Ich muss diesem Wichtigtuer eine Lektion erteilen. Ich bringe ihn um. Werde aber an ihm keine unnötige Energie oder gar Zeit verschwenden. Werde an ihm ein Exempel statuieren! Werde ihn bestrafen! Niemand darf es wagen, meine Beweggründe für niedrige Motive zu missbrauchen. Mein geballter Zorn wird ihn treffen!«

Mit einem erneuten Räuspern schließt Parker sein Rollenspiel ab. Degen lässt die Ausführungen seines Freundes für eine Weile im Raum stehen.

Dann klatscht er applaudierend in die Hände und ruft: »Bravo! Du läufst ja zur wahren Hochform auf. Du solltest dich als Profiler selbstständig machen!«

Das vermeintliche Kompliment entlockt dem Detektiv ein schwaches Lächeln.

»Geschenkt«, antwortet er mit einer wegwerfenden Handbewegung.

»Nein, im Ernst! Vieles von dem, was du eben gerade von dir gegeben hast, halte ich keineswegs für abwegig. Bloß ...«, Degen macht eine kurze Pause, um dem nun Folgenden ein besonderes Gewicht zu geben, »woher kennt der Täter Benjamin Guthardt? Wie ist er auf den Jungen gekommen? Lou, mir fehlt da das Verbindungsstück, verstehst du? Ich sehe – es – nicht. Wo ist es, verflucht?«

»Ebendas ist eine der entscheidenden Fragen in diesem Fall, lieber Jo! Und die Antwort darauf sollten wir gemeinsam herausfinden, den Typen schleunigst stoppen, bevor er weiter mordet, denn das steht zu befürchten!«

»Haben wir es hier tatsächlich mit einem verfluchten Ritualmord zu tun? Kommt da eine Serie auf uns zu? Läuft da draußen ein Psychopath Amok?«, faucht Degen zornig, doch ohne in Parkers Richtung zu sehen.

Er betrachtet seine Finger und sagt mit veränderter Stimme: »Scheiße, Lou, manchmal kotzt mich mein Job so was von an!«, wobei er die letzten Silben kaum hörbar flüstert. Parker weiß sehr genau, wovon der Kommissar spricht. Und er weiß auch, dass er jetzt keinen flotten Spruch bringen kann. Schweigend sitzen sich die beiden Freunde gegenüber.

ZEHN

»Da gibt es noch etwas«, Degen sieht auf, und Parker spürt förmlich, wie sehr sein Freund mit sich ringt, »wir haben die Angehörigen von Daniel Borger befragt. Klar, Routine! Dabei kam heraus, dass in der Familie bereits seit Generationen Männer im Alter zwischen zwanzig und fünfzig Jahren auf die gleiche Weise umgebracht wurden. Der traurige Teil der Familienchronik beginnt 1938, da geschah der erste Mord. Ein Jahr danach, kurz vor Ausbruch des Zweiten Weltkriegs, der zweite. Der vermeintliche Täter wurde aber noch am Tatort von Passanten überwältigt und der Polizei übergeben. Aus alten Zeitungsartikeln, die die Schaustellerfamilie bis heute aufbewahrt, geht hervor, dass der Verdächtige von einem Schnellgericht der Tat überführt und zum Tode durch das Fallbeil verurteilt wurde.«

»Na, von einem fair geführten Prozess kann man bei den Nazis wohl kaum ausgehen. Wahrscheinlich brauchten die Machthaber einen raschen Erfolg, damit die Volksseele beruhigt schlafen konnte, und zusätzlich eine Legitimation, hart durchzugreifen und ihre Herrschaft zu festigen. Es könnte also sein, dass man damals den Falschen geköpft hat!« Degen nickt.

»Dafür spricht, dass die Mordserie exakt nach dem gleichen Muster in den fünfziger Jahren fortgesetzt wurde. Diesmal waren es drei Männer der Borgers, die in den Jahren '55, '56 und 1960 getötet wurden. Danach reißt die Serie ab. Laut Polizeiakte aus dieser Zeit gab es weder Verdächtige noch eine heiße Spur. Die Kollegen damals ermittelten hauptsächlich in Homosexuellen-Kreisen, scheinen sich da aber wohl verrannt zu haben.«

Parker lacht bitter und schüttelt den Kopf.

»Klar, es gab ja den Paragrafen 175 noch, da lag es nahe, dass man versucht hat, den Schwulen die Morde in die Schuhe zu schieben. Die waren ja sowieso an allem schuld!«

Da Degen weiterhin schweigt, fährt Parker fort: »Wenn wir tatsächlich von einem Täter ausgehen, dann würde der seit siebzig Jahren Männer aus dem Borger-Clan töten. Das kann ich mir nicht vorstellen. Der Kerl müsste mittlerweile an die neunzig sein!«

Degen reibt sich die Stirn und erwidert: »Ach, Lou, ich muss dir nicht sagen, wie oft wir in unserem Job schon gesagt haben, dass wir uns was nicht vorstellen können.«

»Ja«, stimmt Parker zu. »Gibt es irgendeine Gesetzmäßigkeit, wonach der Täter zuschlägt? Jahrestag. Wochentag. Ort. Und was ist sein Motiv?«

»Genau daran arbeiten wir gerade! Aber wir werden natürlich auch im Umfeld von Benjamin Guthardt ermitteln, erst recht, wenn uns die Siegburger Kollegen durchwinken.«

»Dann lass es uns aufteilen: Da du den Guthardt-Mord nach unseren Überlegungen wahrscheinlich eh an der Backe haben wirst, kümmere ich mich um die Borger-Familie, das spart dir Personal. Und vielleicht kann ich ja so ganz inoffiziell etwas mehr herausfinden als die Polizei. Was meinst du? Okay?« Parker bemerkt Degens Zögern und fügt daher noch rasch hinzu: »Das bleibt natürlich alles unter uns!«

»Ich kann jeden Mann gebrauchen«, antwortet Degen mit verhaltener Stimme, »und du weißt, dass ich dich für einen sehr guten Ermittler halte … aber klar ist, dass unsere Zusammenarbeit in dem Fall nix Offizielles haben darf!«

★★★

Parker war die gesamte Fahrt über sehr nachdenklich, und auch jetzt, wo er direkt gegenüber dem Fachwerkhaus mit dem Bauernhof dahinter seinen Wagen abstellt, hängt er immer noch dem eingehenden Gespräch mit Degen nach.

Der Detektiv nimmt das Haus kurz in Augenschein, bemerkt das runde Gesicht einer Frau am Fenster und überquert die schmale Straße. Noch bevor er den Klingelknopf betätigen kann, wird die Tür energisch geöffnet.

»Wenn Sie von der Presse sind, können Sie gleich wieder verschwinden«, keift die Frau ihn an.

»Guten Tag! Mein Name ist Lou Parker«, antwortet er gelassen und lächelt. »Und nein, ich bin nicht von der Presse«, fährt er freundlich fort, »ich bin Privatdetektiv.«

War der Ausdruck in dem runden Gesicht eben noch feindselig, so nimmt es nun ein verkniffenes Aussehen an. Er schätzt die zierliche Frau mit den kurzen roten Haaren auf Anfang dreißig. Ihm fällt auf, dass ihr linkes Auge etwas größer ist als das rechte oder ein bisschen schief steht. Beide Augen sind hellblau. Nase und Mund sind überraschend groß für eine Frau ihrer Statur. Die Arme über der hageren Brust verschränkt, funkelt sie ihn herausfordernd an.

»Und was wollen Sie?«, fragt sie schroff, wobei Parker in ihrem Ton eine Nuance Neugierde herauszuhören glaubt.

»Ich würde gerne mit Ihnen über Daniel Borger sprechen ...«

»Mein Bruder ist tot!«, fällt sie ihm ins Wort. »Da gibt es nichts mehr zu sprechen!«

»... und ich möchte seinen Mörder finden«, erklärt Parker unbeirrt weiter, »und dafür brauche ich Ihre Hilfe!«

Für einen Augenblick sagt keiner mehr etwas. Die Frau blinzelt Parker misstrauisch an, zögert, wirkt unschlüssig. Schließlich macht sie einen kleinen Schritt zur Seite.

»Kommen Sie rein«, sagt sie mit gesenktem Blick, aber schon etwas freundlicher. Parker tritt in den schlauchartigen Flur mit der Garderobe, an der zwei wetterfeste olivgrüne Jacken hängen, darunter stehen akkurat nebeneinander vier Paar gelbe blitzsaubere Gummistiefel, der Duft von frisch aufgebrühtem Kaffee liegt in der Luft, und Parker wartet sanft lächelnd, bis die Frau an ihm vorbei in die Küche geht. Schweigend folgt er ihr.

»Möchten Sie einen Kaffee?«, fragt die Frau, die mit dem Rücken zu ihm an der Küchenzeile steht und sich ein wenig strecken muss, um den Hängeschrank zu öffnen.

»Ähm, nein danke«, antwortet Parker, »ich hatte heute schon meine zwei Tassen.«

Die Frau lässt ihren Arm sinken, dreht sich herum und schaut ihn fragend an.

»Ich trinke am Tag nicht mehr als zwei Tassen«, erklärt Parker rasch und grinst.

»Tja, ähm, dann setzen Sie sich doch!«

Sie weist mit der Hand auf einen der vier Stühle, die jeweils an einer Seite des quadratischen Holztisches stehen.

»Möchten Sie was anderes?«, fragt sie und wirkt dabei etwas verloren. Es ist kaum noch was übrig geblieben von der burschikosen Frau mit der barschen Stimme, die ihm vor ein paar Minuten an der Haustür entgegengetreten ist.

»Also, ein Wasser nehme ich gerne.«

Sie nickt stumm, dreht sie sich um, holt ein Glas aus dem Schrank und die Flasche Mineralwasser von der Anrichte. Sie öffnet den Verschluss, füllt das Glas – ihre Hand zittert dabei – und stellt es Parker hin.

Die Kaffeetasse mit beiden Händen haltend, setzt sie sich ihm gegenüber auf den Stuhl. Schweigend schaut sich Parker um. Nichts deutet auf Kinder im Haus hin. Keine kleinen Gummistiefel. Keine Jacken in Kindergröße an den Haken. Kein Spielzeug, das auf dem Boden liegt.

»Wie sind Sie eigentlich an unsere Adresse gekommen?«, fragt sie unvermittelt, jedoch ohne Argwohn.

»Ich hab einen guten Draht zur Polizei«, antwortet Parker, »war selber viele Jahre Polizist.« Die Frau nickt geistesabwesend und starrt in ihre Kaffeetasse.

»Mein Mann ist auf der Deutzer Kirmes mit meinem Bruder, also mit meinem Zwillingsbruder, Rene«, sagt sie mit monotoner Stimme. »Es muss ja weitergehen! Uns gehört der Autoscooter. Das Allerneuste, was Sie auf dem Markt kriegen können! Haben wir drei, also mein Mann, Daniel und ich, vor zwei Jahren im Herbst gekauft. Läuft bei dem Wetter ganz ordentlich. Muss auch, schließlich will die Bank ihr Geld haben. … Der Bauernhof wirft ja so viel nicht ab! Die paar Kartoffeln, Gemüse, Obst, Erdbeeren, Kräuter, Blumen … alles Eigenanbau.« Sie schaut einen Moment stolz auf. »Eier, Honig, Marmelade und Käse haben wir auch, aber das kaufen wir an. Muss man im Sortiment haben, verlangen die Kunden. Wissen Sie, auf so einem Hof packt jeder mit an – trotz Fahrgeschäft.«

»Sie wohnen hier alle unter einem Dach?«

»Ja«, antwortet sie und lächelt dabei. »So hat es die Familie Borger immer gehalten.«

Und der Tisch hat nur vier Stühle! Keine Kinder!

»Früher war die Familie noch um einiges größer. Heute leben mein Mann, meine beiden Brüder und ich hier. Ach nein, jetzt sind wir ja nur noch zu ...«

Sie bricht ab, Tränen laufen ihr übers Gesicht. Sie scheint sie nicht zu bemerken.

»Daniel war doch erst zweiundzwanzig!«, stöhnt sie, sinkt nach vorne und vergräbt das Gesicht in ihre Hände. Dann beginnt sie wie ein Kind zu schluchzen, so als sei jegliches Hoffen auf zukünftiges Glück dahin. Parker erträgt das nicht. Er steht auf, geht zum Fenster und blickt auf die Straße. Sekunden vergehen.

»Jetzt hat er auch uns erreicht!«

Parker dreht sich herum. Ihr Gesicht ist fleckig gerötet. Sie schluckt krampfhaft und wiederholt ihre Worte:

»Jetzt hat er auch uns erreicht!«

Ohne die Frau aus den Augen zu lassen, setzt sich Parker zurück auf den Stuhl.

»Wer hat Sie erreicht?«, hakt er nach, auch wenn er die Antwort bereits zu kennen glaubt.

»Der Fluch!«, entgegnet sie niedergeschlagen. »Der Fluch, der auf der Familie Borger lastet!«

»Sie meinen die Morde!«

Die Frau scheint überrascht.

»Meine Kontakte«, klärt Parker sie auf. »Ich weiß, dass es bereits 1938 angefangen hat und ...«

»Dann wird Rene das nächste Opfer sein!«, unterbricht sie ihn, sieht kurz zu ihm und dann wieder in ihre Tasse. Der Detektiv wartet, bis sie weiterspricht: »Ich dachte, wir würden verschont bleiben. Habe sogar angefangen, mir einzureden, dass das alles bloß eine schreckliche Familienlegende sei. Der letzte Mord an einem Borger liegt nun schließlich über fünfzig Jahre zurück. Ich habe wirklich gedacht, es wäre nur eine Gruselstory, die Großmutter uns Kindern erzählt hat, wenn wir uns mal wieder alleine zwischen den Fahrgeschäften rumgetrieben haben, statt in die Koje zu gehen. Mein Mann«, sie stockt und schaut

Parker ins Gesicht, tiefe Verzweiflung liegt in ihrem Blick, »er will doch so gerne Kinder haben.« Wieder bricht sie ab. Unstet ihre nassen Augen. Sie sieht sich im Raum um, so als suche sie an den Wänden tröstliche Antworten. Mit brüchiger Stimme erklärt sie weiter: »Aber wir ... ich habe Angst, dass es ein Junge wird und dass es dann weitergeht. Dass es dann nie zu Ende ist! Großer Gott, was hat meine Familie getan, dass wir so viel Leid ertragen müssen?« Die Frau bedeckt ihre Augen. Von einem plötzlichen Weinkrampf erfasst, zittert und bebt sie am ganzen Körper. Parker kann nicht anders und streicht ihr beruhigend über den Arm.

»Und die Opfer waren immer Männer und niemals Frauen?«, fragt er vorsichtig, nachdem das Schluchzen leiser geworden ist. Die Frau nickt, zieht ein Taschentuch aus der Jeans und schnäuzt sich die Nase.

»Ja«, antwortet sie, »nur Männer! Alle im besten Mannesalter, hatte meine Oma stets betont. Oma hat mir immer wieder davon erzählt. Als ich das erste Mal von den Morden gehört habe, war ich noch ein Kind. Mutter hasste es – sie wollte nie, dass ich solche Gräuelgeschichten höre. Wir alle, meine Brüder und ich, sind aber mit dieser Familienhistorie groß geworden. Großmutter hatte nie ein Blatt vor den Mund genommen. Sie war überzeugt, dass es besser sei, dass wir frühzeitig über alles Bescheid wissen, damit wir uns vorsehen. Ja, das sagte sie immer: ›Seht euch vor, Kinder! Vertraut keinem Fremden! Seid misstrauisch!‹ – Wie sich das auf unsere Kindheit ausgewirkt hat, brauche ich Ihnen ja nicht zu sagen. Wir wuchsen damals auf dem Hof von Opa und Oma in Longerich auf. Der Longericher Hof war seit Generationen in Familienbesitz. Aber der wurde nach dem Tod unserer Großeltern verkauft. Meine Eltern haben dann diesen kleineren hier gekauft. Mehr für mich und meine Brüder. Auch das Fahrgeschäft haben sie an uns weitergegeben. Vor zehn Jahren etwa. Als sie sich diese Finca auf Mallorca gekauft haben. Da leben sie jetzt.«

Die Frau trinkt einen kleinen Schluck aus ihrer Tasse und stellt sie dann vor sich auf den Küchentisch. Ihre Hände zittern immer noch.

»Sie waren alle im besten Mannesalter!«, sie blickt Parker direkt in die Augen. »Rene ist der Nächste, nicht wahr?«

Aber natürlich! Das ist es! Parker würde am liebsten laut schreien! Verflucht, warum sind Degen und er nicht darauf gekommen? Alle Opfer sind im zeugungsfähigen Alter! Das muss der Schlüssel sein! Der Schlüssel für die erste Tür! Parker bemerkt den fragenden Blick der Frau.

»Das ist nicht gesagt«, antwortet er ausweichend. »Vielleicht wurde ihr Bruder versehentlich ...«, er bringt es nicht über sich, den angefangenen Satz zu vollenden. Stattdessen beginnt er neu: »Ihr Bruder sollte für eine Weile die Stadt verlassen! Er sollte sich auf jeden Fall von der Deutzer Kirmes fernhalten! Sie müssen es ihm sagen! Sorgen Sie dafür, dass er auf der Stelle verreist und erst wiederkommt, wenn der Täter gefasst ist!«

»Also glauben Sie auch, dass er sich in großer Gefahr befindet?«

»Ich vermute es, ja!« Beinahe beiläufig hat Parker ihr geantwortet.

Seine Gedanken überschlagen sich, stürzen auf ihn ein, um in der nächsten Sekunde plötzlich geordnet zu erscheinen. Bemüht den Faden, den er mit einem Mal in Händen hält, nicht wieder zu verlieren, fragt er rasch: »Hat ihre Großmutter etwas über ein mögliches Motiv für die Morde gesagt?«

Die Augen der Frau weiten sich. Dann weicht sie seinem Blick aus, senkt ihren Kopf. Sie nickt wiederholend. Seine Frage ist ihr offensichtlich unangenehm. Nach einem Zögern antwortet sie: »Einer meiner Uronkel soll damals etwas sehr Schreckliches getan haben!«

★★★

»Schon was gefunden?«, fragt die Stimme mit leicht griechischem Akzent freundlich. Alexandra schaut auf und lächelt den Kellner an.

»Ja, ich hätte gerne als Vorspeise den Ziegenkäse und danach das Lachsfilet.« Sie blickt zu Parker hinüber, der noch immer mit dem Kopf über der Karte hängt. Er braucht einen Moment, bis er begreift: »Ähm, ja«, sagt er schließlich, »jetzt bin ich wohl dran … hm, ja, also bringen Sie mir bitte zuerst«, er hört sich hüsteln und kommt sich blöd vor. Was ihn ärgert.

Verdammt, er kann die Gedanken einfach nicht abschütteln, ist immer noch auf dem Hof der Borgers, sieht sich in der Küche sitzen, gegenüber dieser Frau mit dem geröteten Gesicht, deren Familie so viel Leid erfahren musste, hat ihr »Geständnis«, den Klang ihrer Stimme noch überdeutlich im Ohr. Keine Chance, ihr zu entkommen! So viel Schmerz! Parker ist kein gläubiger Mensch, nicht in dem Sinne, dass er an einen gütigen Gott glaubt, dem das Glück und Unglück der Menschheit am Herzen liegt.

Als Ermittler, egal ob als Polizist oder Privatdetektiv, hat er schon zu viel gesehen, um noch an eine wohlwollende höhere Instanz zu glauben. Nein, er wird sich wohl nie daran gewöhnen! – Dabei hat er sich so auf das Essen mit ihr gefreut! Und sie sieht ja auch zum Dahinschmelzen aus in ihrem schwarzen Spitzensommerkleid mit den bunten Blumenstickereien und dem rosa Bolerojäckchen.

Reiß dich zusammen, fordert ihn seine innere Stimme auf, nimm das, was du beim letzten Mal auch hattest – erinnere dich, als du mit Jo und Marie hier warst, das hat dir gut geschmeckt!

»Bitte bringen Sie mir die Jakobsmuscheln und als Hauptspeise bitte das Nackensteak vom Rind.«

»Sehr gerne! Und was darf ich zu trinken bringen?«

Parker sieht kurz zu Alex herüber und fragt: »Wasser und Wein?«

Sie nickt.

»Wasser und Wein!«

Zum Kellner gewandt sagt Parker: »Bitte eine Flasche 2013er Santorini und eine große Flasche Wasser.«

Kaum dass der Kellner sie verlassen hat, stützt Alexandra beide Ellbogen auf den Tisch, dann den Kopf in die Hände und beugt sich etwas vor.

»Also, wir kennen uns ja kaum«, meint sie im verschwörerischen Tonfall, »aber kann es sein, dass du gedanklich woanders bist?«

Sie zwinkert ihm zu und ergänzt: »Wenn ich nicht so ein gesundes Selbstbewusstsein hätte, würde ich unter Umständen in Betracht ziehen, dass es an mir liegt!«

Parker zuckt bei ihren Worten zusammen und ist augenblicklich hellwach.

»Tut mir leid«, sagt er und kratzt sich am Hinterkopf, »und du hast vollkommen recht ... ich bin gedanklich woanders, und es liegt nicht an dir!«

Sie mustern einander. Schweigend und unsicher.

Dann: »Ist es der Fall, an dem du arbeitest? Der tote Junge am Rheinufer?«

Parker antwortet mit einem angedeuteten Nicken und lehnt sich zurück, da der Kellner an ihren Tisch tritt. Wortlos arrangiert er die passenden Gläser, schenkt etwas Wein in das Glas, das vor Parker steht, wartet, bis Parker gekostet hat, und quittiert dessen zustimmendes Nicken mit einem Lächeln.

Parker strahlt Alexandra an, nimmt sein Glas und stößt damit gegen das ihre.

»*Jámas*«, brummt er freundlich.

»*Jámas*«, antwortet sie ebenso freundlich, nippt an ihrem Wein, ohne Parker dabei aus den Augen zu lassen.

»Gute Wahl«, sagt sie anerkennend und stellt das Glas vor sich hin. Gespannt abwartend schaut sie ihn an.

»Und?«, beharrt sie. »Du wolltest etwas sagen!«

»Na ja«, gibt Parker zögerlich von sich, »das hier ist unser erstes Date, und ich befürchte fast, dass ich es versaue! Mein Job taugt halt leider nur in den seltensten Fällen für eine gepflegte Tischkonversation. Du kannst mir glauben, ich hab mich tierisch auf dich gefreut! Auf den heutigen Abend, das Essen und –«, er bricht kurz ab, »und überhaupt! Und ausgerechnet jetzt habe ich es mit einem Fall zu tun, der echt unter die Haut geht! Ich ... ich will dich nicht abschrecken! Darin hab ich Erfahrung!«

Parker beendet seine Erklärung mit dem Versuch, sich ein Grinsen abzuringen. Es misslingt.

»Dass du Privatdetektiv und kein Versicherungsvertreter bist, weiß ich! Dass du dich mit Dingen beschäftigst, die ich nur aus der Zeitung kenne, ist mir bewusst! Und dass du es mit Schicksalen zu tun hast, die zuweilen die Grenzen meiner Vorstellungskraft übersteigen, ist mir ebenfalls klar. Doch ich bin schon groß und kann auf mich aufpassen! Und ich kann sagen, wenn es mir zu viel wird! Und Lou«, sie hält inne und greift nach seiner Hand, »so schnell wirft mich nichts aus der Bahn«, sagt sie ernst. »Vertrau mir, auch ich habe schon das eine oder andere von der Welt gesehen. Auch ich habe die eine oder andere Lebenslektion gelernt! Und wenn du jetzt gerade eher einsilbig bist, kein Problem, dann rede ich halt mehr!«

Parker spürt den Drang, ihr widersprechen zu wollen, denkt kurz nach und drückt stattdessen sanft ihre Hand.

»Hey«, ruft sie aus, »du kannst dir gar nicht vorstellen, was ich für einen Hunger habe. Ich hoffe mal, die Portionen in dieser Lokalität reichen aus, mich satt zu kriegen!«

Parker fällt ein Stein vom Herzen, denn ihr Tonfall macht klar, dass das Thema für sie erledigt ist.

»Es war hervorragend!«, antwortet Alexandra überschwänglich auf die Frage des Kellners, wie es geschmeckt hat. Parker schließt sich ihr an und lässt sich die Menükarten noch einmal bringen. Alexandra schaut ein wenig verwundert, und Parker muss schmunzeln. »Hast du nicht davon gesprochen, dass du befürchtest, nicht satt zu werden?«

»Schön, dass du dich so um mich sorgst«, antwortet sie mit einem Lächeln, das unübersehbar einen Flirt einleitet. Augenblicklich bemerkt Parker ein Ziehen in der Magengegend und wie urplötzlich sein Hals trocken wird. Mechanisch greift seine rechte Hand nach dem Wasserglas, und es kostet ihn einiges an Selbstbeherrschung, es nicht in einem Schluck zu leeren.

Unbeirrt studiert Alexandra derweil die Karte. Dann schaut sie auf.

»Du hast schon gewählt?«

»Ja«, antwortet er, froh darüber, noch bei Stimme zu sein, »ich nehme das Ravani. Und du?«

»Die pochierte Banane.«

»Und du bist in Mailand groß geworden?«

Sie nickt. »Ja, ich bin da geboren, zur Schule gegangen und habe dort studiert. Aufgewachsen bin ich im ›Centro Storico‹, so nennen wir den Stadtkern«, antwortet sie und löffelt den letzten Rest des Nachtischs vom Teller.

»Und deine Eltern? Leben die heute noch dort?«

»Ja, meine Mutter unterrichtet an einem Gymnasium, und mein Vater ist Richter am Appellationsgerichtshof – ›Corte d'Appello di Milano‹.«

Sie sieht, wie Parker die Stirn runzelt, und erklärt ehrlich erschrocken: »Oh entschuldige, ich wollte keineswegs abgehoben klingen – zu dumm von mir! Mein Vater arbeitet am Berufungsgericht!«

Die plötzlich auftretenden roten Flecken auf ihrem Dekolleté machen sie für Parker noch verführerischer.

»Kein Problem«, sagt er und winkt ab. »Ein bisschen habe ich Mailand kennengelernt«, erklärt Parker und muss im selben Moment an Paula denken. Das war eine wirklich schöne Zeit mit ihr. Aber er will sie jetzt nicht hierhaben.

Er verscheucht den Gedanken und spricht weiter: »Vor fünf Jahren habe ich eine Italien-Rundreise gemacht. Da waren wir, da war ich auch für einen Tag in Mailand. Hat mich sehr beeindruckt, die Stadt. Der Dom, aber vor allem war ich von eurer U-Bahn angetan. So viele Menschen, und alles funktioniert reibungslos. Man kann überallhin fahren. Davon können wir hier bei uns nur träumen!«

Alexandra wiegt den Kopf hin und her.

»Ja, wenn nicht gerade wieder mal gestreikt wird, funktioniert das öffentliche Verkehrsnetz ganz gut!«

»Sind Streiks bei euch wirklich so häufig, wie man bei uns immer hört?«, fragt er eher neugierig als skeptisch.

Sie lacht auf und antwortet, ohne zu zögern: »Hey, Lou, wir sprechen von Italien, da gehört Streiken zum Kulturgut! Das wird uns Italienern in die Wiege gelegt. Mal streiken die Fluglotsen, mal die Müllabfuhr und auch hin und wieder die U-Bahnen. Und das tun sie manchmal sogar ohne Ankündigung! Dann bricht alles zusammen, dann ist der gesamte Stadtbetrieb lahmgelegt.«

Amüsiert funkelt sie ihn an. Parker zieht die Schultern hoch und guckt wie ein Schuljunge, der eine einfache Frage völlig falsch beantwortet hat. Und das vor der versammelten Klasse stehend.

»Okay«, räumt er kleinlaut ein, »ich hab natürlich von diesen Aktionen gehört, bloß dachte ich, das werde von unseren Medien hier hochgespielt. Es wäre halt eines dieser vielen Vorurteile.«

Alexandra zuckt die Achseln, doch mit einem Lächeln.

»Ach, Vorurteile gibt es auf beiden Seiten«, sagt sie und greift wieder über den Tisch nach seiner Hand, »da ist es doch an uns, einige auszuräumen und andere«, ihr Lächeln wird koketter, »zu bestätigen.«

Parker spürt, dass er rot wird, und erwidert rasch: »Ähm, sehe ich ähnlich!«

Er schaut auf die Uhr. Es ist kurz vor eins.

»Die machen hier gleich Feierabend!«

Alexandra zwinkert ihm aufmunternd zu und flüstert: »Dann sollten wir wohl jetzt mal zahlen!«

ELF

Das klackende, metallische Geräusch lässt ihn schlagartig die Augen öffnen.

Es ist hell um ihn herum. Woher das Licht kommt, kann er nicht sagen. Er liegt auf der Seite, und sein Blick trifft auf eine weiße Schrankwand, die so rein gar nichts mit seiner Einrichtung zu tun hat. Fremder Geruch! Und das hier ist nicht seine Bettwäsche, nicht sein Kopfkissen und auch nicht sein Plumeau.

Er fühlt, dass er nackt unter der Decke ist, und braucht eine Weile, um zu begreifen, sich zu erinnern. Aber dann verziehen sich seine Mundwinkel wie von selbst zu einem breiten Grinsen. Alexandra! Er richtet sich halb auf und ruft ihren Namen. Keine Antwort. Parker lässt sich wieder zurück auf das hellblaue Laken fallen und schließt die Augen. Und mit einem Mal ist alles wieder da, und der Film spult sich ab, so als ob er anfangs die Aufnahmetaste gedrückt hätte.

»Ich hätte einen gekühlten Weißwein im Angebot.«
»Na, da kann ich ja kaum Nein sagen.«
Den Moment, in dem man über die Schwelle einer fremden Wohnung tritt, empfindet er als ungeheuer spannend. Alexandra lebt so, wie Parker sie sieht: in Pastelltönen. Und das ist von ihm keineswegs abfällig gemeint. Alles hat seinen Platz und seine Ordnung.

Ein Kunstdruck von Hundertwasser über der hellblauen Couch, ein farblich abgestimmter Strauß von Sommerblumen auf dem niedrigen Glastisch davor, ein Bücherregal, ein alter Sekretär, worauf eine kleine Musikanlage steht. Eine Vielzahl von rosafarbenen Kerzen im Raum verteilt.

Nichts wirkt aufdringlich oder gar schrill, eher harmonisch und stilvoll. Passend dazu der dunkelbraune Holzfußboden. Alexandra legt eine CD von Peter Gabriel ein und holt den Wein aus dem Kühlschrank. Sie stehen sich gegenüber, als sie ihn in die Gläser gießt.

In seiner Magengegend wird es zunehmend unruhiger, und auch Alexandra scheint mit ihrer Nervosität zu kämpfen. Die Hand, in der sie das Glas hält, zittert leicht.

Nach dem dritten Schluck Wein nimmt Parker ihre Hand, holt sie zu sich heran und küsst ihren Mund. Sie presst sich an seinen Körper, kraftvoll und leidenschaftlich. Und Alexandra verstärkt den Druck ihres Beckens noch, als sie die Reaktion seines Unterleibs spürt.

Ohne sich von ihren Lippen zu trennen, beginnt Parker ihre Bluse aufzuknöpfen. Befreit sie von ihrem BH, und seine Handflächen berühren behutsam ihre üppigen Brüste. Ein kaum zu beschreibendes Glücksgefühl durchströmt ihn in diesem Moment und lässt ihn angenehm erschaudern. Seinem Verlangen, das zu betrachten, was er mit seinen Händen erkundet, vermag er nicht länger zu widerstehen. So löst er sich von ihr, um ihre Brüste mit seinen Küssen zu liebkosen. Nach einer viel zu kurzen Weile zieht sie ihn hoch und führt ihn ins Schlafzimmer.

Etwas schwankend drückt sie mit dem Fuß auf den Schalter der Stehlampe, und ein warmes Licht erhellt den Raum. Alles geht mit einem Mal sehr schnell. Berauscht von ihrer beider Lust, beginnen sie hastig, sich gegenseitig auszuziehen.

Mann, ist sie schön, schießt es Parker durch den Kopf. Nur am Rande nimmt er den goldfarbenen Baldachin über ihrem Bett wahr, auf das sie sich fallen lassen.

Sie sprechen kein Wort, lächeln sich nur an. Liebevoll streicht Parker ihr eine Haarsträhne aus dem Gesicht und küsst sie. Dann dreht sich Alexandra auf den Bauch. Es bedarf keinerlei Absprache, wer was wie tun soll. Seine Hände wandern über ihre Schulterblätter in die Mitte zum Rückgrat, dort entzweien sie sich wieder, um sich danach langsam wieder zusammenzufügen.

Mit sanftem Druck bewegen sich seine Hände zur Taille hinab, und er fühlt, wie sich ihr Körper erhitzt. Obgleich seine Begierde, mit ihr zu schlafen, kaum auszuhalten ist, lässt er sich Zeit. Auf ihrer Haut bilden sich feine Schweißperlen, und der Duft ihres Parfüms verstärkt sich, was ihn noch mehr erregt.

Behutsam lässt er seine Finger zwischen ihre Pobacken gleiten, bewegt sie weiter abwärts. Die Fingerspitzen tasten sich vor, und Alexandra stöhnt auf. Sie hebt den Po an, öffnet ihre Schenkel und streckt sich ihm lustvoll entgegen.

Parker steckt den Zettel mit dem aufgedrückten Kussmund und den mit blauer Tinte schwungvoll geschriebenen Zeilen

*Lieber Lou,
es war wunderschön!
Ich ruf dich an!
Alex
P.S.: Die Tür bloß zuziehen!*

mit einem Lächeln in seine Jackentasche.
    Wenig später steht er auf der Straße. Er hatte den Wagen gestern Nacht vor dem Restaurant stehen gelassen. Sie hatten sich ein Taxi genommen.

★★★

Parker geht durch die offene Flügeltür in Katharinas Arbeitszimmer. Auf dem Weg dorthin ist ihm niemand begegnet. Weder Timo noch ein anderer ihrer Bodyguards.
    »Gute Arbeit, Lou! Die Spatzen pfeifen es bereits von den Dächern – du hast das Schwein gefunden!«
    Sie steht mit dem Rücken zu ihm am Fenster, ihr rechter Arm hängt schlaff an ihrem Körper herunter, in der Hand ein Whiskeyglas. Parker hört die Eiswürfel darin klirren. Etwas früh für einen so starken Drink, denkt er.
    »Nimm dir auch etwas, du weißt ja, wo alles steht. Das muss gefeiert werden!«
    Ihre Stimme verrät den Alkohol nicht, aber Parker empfindet sie wieder als sehr distanziert und kühl. So wie beim Telefonat gestern.
    »Nein danke«, antwortet Parker und setzt sich unaufgefordert in den Ledersessel vor dem Schreibtisch. Ihm fällt der dicke braune Briefumschlag auf, der hochkant an der Whiskeyflasche gelehnt steht.

»Haben dir die Spatzen auch gezwitschert, dass es noch keineswegs bewiesen ist, dass es der Junge war, der Mike umgebracht hat?«

Katharina dreht sich um, geht drei Schritte auf Parker zu, schaut auf ihn herab und verzieht ihre Lippen zu etwas, das kein Lächeln sein soll.

»Für mich ist er der Mörder! Er hatte doch eine schwule Beziehung zu Mike, oder?«

»Alles, was ich herausbekommen habe, deutet darauf hin. Ja.«

»Na also«, ruft sie aus, wirft dabei theatralisch ihren linken Arm in die Höhe und wendet sich wieder von Parker ab.

»Dann ist die Sache für mich erledigt, Lou!«

Sie tritt hinter ihren Schreibtisch, zieht den Sessel etwas nach hinten und lässt sich auf den Platz fallen. Herausfordernd blickt sie Parker ins Gesicht. Sichtlich gereizt wartet sie auf seine Antwort.

»Du weißt, dass der Junge, der umgebracht wurde, Benjamin hieß.«

Parker hat seinen Satz keineswegs als Frage formuliert, da er felsenfest davon überzeugt ist, dass Katharina auch über den Mord in Siegburg Bescheid weiß. Wieder fuchtelt sie mit ihrem Arm durch die Luft.

»Und?«, faucht sie ihn an. »Was willst du mir damit sagen?«

»Er wurde regelrecht abgeschlachtet!«

»Soll ich jetzt Mitleid mit dem Schwein haben?« Ihre Augen verengen sich zu Schlitzen. »So ist das halt mit Schweinen – wenn sie groß sind, werden sie geschlachtet!«

Unbeeindruckt von ihrem Tonfall fragt Parker: »Hast du was damit zu tun, Katharina?«

Sie funkelt ihn wütend an, und Parker fürchtet schon, dass er zu weit gegangen ist, dass er den Bogen überspannt hat. Dass sie den geheimen Klingelknopf unter der Schreibtischplatte drückt und dass dann sogleich ihre Schergen, die es kaum noch erwarten können, zur Tür reinstürmen, um ihn fertigzumachen. Oder dass sie ihn zumindest laut anschreit, was er vorziehen würde. Aber nichts von alledem passiert.

Katharinas Gesichtsausdruck entspannt sich. Sie lehnt sich zurück und trinkt einen kleinen Schluck aus ihrem Glas.

»Da Lou, für dich«, sagt sie und zeigt mit dem Kopf auf den braunen Briefumschlag, »wie vereinbart: zwanzigtausend Euro. Dein Erfolgshonorar. Brauchst nicht nachzuzählen – du weißt, bei guten Geschäften halte ich mich stets an die Abmachungen!«

Parker ist klar, dass die Audienz jetzt zu Ende ist und dass er nun besser geht. Er mimt ein nur gelindes Interesse, während er nach dem dicken Umschlag greift und stopft ihn in die Innentasche seiner Lederjacke. Mit einem knappen Nicken verabschiedet er sich und geht zur Tür.

Eine innere Stimme mahnt ihn, schnellstmöglich aus dem Haus zu kommen.

»Hey, Lou«, ruft Katharina hinter ihm her.

Parker bleibt stehen, dreht sich zu ihr herum.

»Hab gehört, du hast 'ne Neue!«

Ihre Miene bleibt ausdruckslos, während sie das sagt.

»Soll recht hübsch sein, die Kleine!«

Er fühlt, wie er unruhig wird, und wendet sich wortlos zum Gehen.

✱✱✱

Zweimal im Jahr sorgt die Kirmes am Deutzer Rheinufer für Volksfeststimmung auf der rechten Rheinseite. Die Schausteller errichten auf dem großen Festplatz zwischen Deutzer Brücke und Severinsbrücke ihre Fahrgeschäfte und Vergnügungsbuden. Riesenrad, Autoscooter, Achterbahn, Imbisse und eine Vielzahl anderer Attraktionen ziehen in den sechzehn Tagen gut eine Million Besucher an. Traditioneller Höhepunkt der Deutzer Frühjahrskirmes sind die beiden Höhenfeuerwerke am ersten und letzten Samstag. Dass hier vor zwei Tagen ein Mensch auf bestialische Weise sein Leben gelassen hat, ist nicht zu spüren. Einzig der Trauerflor, der an jedem der Fahrgeschäfte sichtbar angebracht ist, gibt einen stillen Hinweis darauf, dass etwas passiert ist, was so gar nicht in das bunte Treiben passen will.

Unzählige Menschen schieben sich über den Platz. Kinderweinen. Kinderlachen. Die Luft ist erfüllt von schweren Duftschwaden. Gerüche von Reibekuchen und Currywurst vereinen sich mit denen von Zuckerwatte und gebrannten Mandeln. Keine Frage: Es riecht nach Kirmes.

Parker drängt sich durch die Massen, vorbei an Geisterbahn, Wurfbude und Karussell, und bleibt schließlich vor dem gut besuchten Autoscooter stehen. Alles wirkt völlig normal, bis auf den wild flackernden, aber stummen Rhythmus der grellen Lichterkette. Es irritiert ihn, dass die Familie Borger ihr Fahrgeschäft so kurz nach einem solchen Schicksalsschlag weiterbetreibt. Na, zumindest haben sie auf die Musik verzichtet.

Kopfschüttelnd geht Parker die geriffelten Chromstufen hoch, an den meist jugendlichen Besuchern vorbei und auf das Kassenhäuschen zu. Sofort fällt ihm der drahtige, circa eins siebzig große Mann mit den kurz geschorenen roten Haaren auf, der mit verschränkten Armen und wachen Augen danebensteht und offensichtlich die gesamte Szene überschaut. Als Parker sich ihm nähert, wendet er rasch den Kopf und mustert ihn misstrauisch. »Entschuldigung«, beginnt der Detektiv, »mein Name ist Lou Parker, und ich ...«

»Ja, ich weiß, wer Sie sind«, antwortet der Mann abfällig und ignoriert Parkers angebotene Hand.

»Sie sind der Privatschnüffler, der meiner Schwester gestern einen gehörigen Schrecken eingejagt hat.« Rene Borger verzieht das Gesicht und wirft dem bulligen Mann im Kassenhäuschen einen vielsagenden Blick zu.

»Frag ihn, was er hier will«, hört Parker die tiefe Stimme sagen.

»Sie haben meinen Schwager gehört: Was wollen Sie von uns? Wir werden Sie nicht engagieren, wenn Sie darauf aus sind!«

Verblüffend, diese Ähnlichkeit, denkt Parker und nimmt seine Hand wieder zurück. Große Nase, großer Mund, ganz die Schwester. Selbst die Aussprache, bis auf winzige Nuancen, gleicht sich auf frappierende Weise.

»Also, warum sind Sie hier?«, wiederholt Rene Borger seine Frage, nur noch eine Spur gereizter.

»Ich will Sie warnen«, antwortet der Detektiv. »Ich habe es

Ihrer Schwester schon gesagt: Sie sollten für eine Weile die Stadt verlassen. Ich glaube, Sie sind in großer Gefahr.«

Borger sieht Parker durchdringend an, lässt den Blick dann über die Anlage schweifen und wendet sich ihm wieder zu.

»Ich sag Ihnen was«, antwortet er ruhig, »ich lass mich von so einem Irren nicht vertreiben.« Er macht eine ausladende Handbewegung. »Das alles hier ist mein Leben. Meine Urgroßeltern waren schon Schausteller, und ich bin es auch! Und das mit Leib und Seele!«

»Und ich will einen weiteren Mord verhindern!«

Beide Männer schauen sich an, gespannt, wohin das führen wird. Dann deutet Borger mit dem Kinn in die Richtung, aus der Parker gekommen ist.

»Lassen Sie uns runtergehen, hier stören wir nur den Kassenbetrieb«, sagt er und nickt seinem Schwager zu. »Bin gleich wieder da!«, ruft er bereits im Gehen.

Unten angekommen, leitet Borger den Detektiv auf die Rückseite des Fahrgeschäfts. »So«, sagt er, »hier lässt es sich besser reden.«

Die Stimme des Mannes hat sich plötzlich verändert. Sie ist nun weniger schroff und abweisend. Neugierig geworden, fragt Parker: »Und worüber wollen wir reden?«

»Haben Sie eigentlich so etwas wie einen Ausweis?«

»Natürlich habe ich einen Ausweis«, antwortet Parker, kramt sogleich in seiner Jackentasche herum, »irgendwo habe ich … ah, hier und … meine Karte!«

Beides reicht er dem Mann.

»Die Karte können Sie behalten, die haben Sie ja meiner Schwester schon gegeben. So 'ne Karte ist nix wert, die kann sich jeder Grundschüler selber basteln.«

Er beäugt den Personalausweis, nickt knapp und gibt ihn Parker zurück.

»Hm«, brummt er enttäuscht, »ich dachte eher an eine Lizenz …«

»Staatliche Privatdetektiv-Lizenzen gibt es bei uns in Deutschland nicht«, antwortet Parker schulterzuckend.

Der Mann schaut ihn gleichmütig an: »Sie verstehen das

nicht, hab ich recht? Ich habe es an Ihrem Blick gesehen, als Sie eben zu uns hochgekommen sind.«

Parker zieht fragend die Brauen hoch. »Was meinen Sie?«

Borger lässt sich mit der Antwort so viel Zeit, dass Parker sein Gewicht von einem Fuß auf den anderen verlagern muss. Der Schausteller greift in seine Hemdtasche und hält Parker dann eine geöffnete Zigarettenpackung hin.

»Nein danke! Hab ich mir erfolgreich abgewöhnt.«

Nickend holt Borger ein Stäbchen aus der Schachtel und klemmt es sich zwischen die Lippen. Er zieht ein Feuerzeug aus der Jeanshose und setzt die Zigarette in Brand. Parker bemerkt, wie stark die Finger des Schaustellers zittern. Der Mann inhaliert tief, stößt dann den Rauch durch die Nase wieder aus und setzt zum Sprechen an, doch muss er plötzlich heftig husten. Er beugt sich weit vor und stützt sich mit beiden Händen auf seine Knie ab, bleibt so, bis der Anfall vorüber ist.

Mit hochrotem Kopf richtet er sich schließlich wieder auf und wischt sich mit dem Handrücken über den Mund.

»Dreck!«, flucht er heiser. »Wenn ich das nicht bald sein lasse, bin ich tot, noch bevor mich dieser Irre abstechen kann!« Aus geröteten Augen schaut er in Parkers Gesicht und fügt mit großem Nachdruck hinzu: »Sie denken, dass wir herzlos sind – weil wir hier so weitermachen, als sei nichts geschehen. Aber Sie können mir glauben, wir sind alle fix und fertig. Und natürlich habe ich Angst! Wir alle haben Angst. Eine Scheißangst! Aber ich kann hier nicht so einfach weg. Wir können jetzt nicht einfach ein Schild draußen aufhängen, wo draufsteht: ›Wegen Trauerfall geschlossen!‹. Verstehen Sie, jeder Tag, den wir verlieren, reißt uns immens in die Miesen. Haben Sie eine Ahnung, was alleine die Standgebühr kostet? Ganz zu schweigen von den Ratenzahlungen für den Scooter – die Bank nimmt keine Rücksicht auf ...« Er bricht ab und vergräbt stöhnend sein Gesicht in beide Hände. »Was soll nun werden?«, presst er hervor. »Daniel ist tot. Und ich hab keine Ahnung, wie wir damit weiterleben sollen!«

Parker legt seine Hand auf Borgers Schulter, findet aber keine Worte.

»Doro, meine Schwester«, stammelt der Mann verzweifelt, »ich … ich habe Angst, dass sie mit seinem Tod nicht fertigwird und daran zerbricht. Sie hat sich doch immer um unseren kleinen Bruder gekümmert – aufgezogen habe ich sie damit. Dass sie ihn verhätschelt, als sei es ihr eigenes Kind! Ich habe sie ausgelacht, weil sie sich immer so um ihn gesorgt hat. Wenn er mal zu spät von der Disco nach Hause gekommen ist, hat sie ihn erst angeschrien und dann weinend in den Arm genommen. Oder sie ist ihn nachts suchen gegangen! In irgendwelchen Kneipen! Und das alles nur, weil sie schon als junges Mädchen davon überzeugt war, dass ein Fluch auf der Familie lastet und dass sich demzufolge alle Männer in permanenter tödlicher Gefahr befänden. Ja, davon war sie überzeugt – nein, sie war davon besessen. Das war dann irgendwann unseren Eltern zu viel. Sie haben Doro zu einer Psychologin geschleift. Aber verdammt: Sie hatte recht mit ihrer Vorahnung! Wir sind alle verflucht!«

Der letzte Satz endet in einem erstickten Weinen, was Borger ebenso zu überraschen scheint wie Parker. Er stemmt sich hoch und schaut mit leerem Blick an Parker vorbei.

»Ich muss jetzt wieder nach oben. Mein Schwager braucht mich!«, sagt er und macht sich auf den Weg.

★★★

Er beobachtet die beiden Männer aus sicherer Entfernung. Lässt sie nicht aus den Augen. Steht hier schon eine ganze Weile, muss aber nicht befürchten, entdeckt zu werden. Dafür sind die Männer zu sehr miteinander beschäftigt. Ein Grinsen huscht über sein Gesicht! Auch wenn er kein Wort von dem, was sie sprechen, hören kann, so liest er von ihren Gesten doch ab, worum es geht: Da hat einer gehörig die Hosen voll!

»Deine Zeit ist bald abgelaufen, kleiner Borger«, formen stumm seine Lippen.

ZWÖLF

Als Parker die Kirmes verlässt, fühlt er sich wie durch den Wolf gedreht. Auch wenn seine Füße über den Platz laufen und zielstrebig auf den Ausgang zusteuern, so nimmt er seine Umgebung kaum wahr. Zu sehr ist er in Gedanken.

Er überquert die breite Verkehrsstraße, zwingt sich dazu, auf Straßenbahn und Autos zu achten, und steht wenige Minuten später vor seinem Wagen. Erschöpft lässt er sich in den Ledersitz fallen. Er reibt sich über die Augen und spürt die aufkommende Müdigkeit im Kopf und in seinen Knochen.

Nur einen kleinen Moment ausruhen! Klar, er hatte wenig geschlafen. Die Nacht war kurz gewesen und wunderschön. Nein, das ist es nicht!

Zuerst die Unterredung mit Katharina, die er nicht einordnen kann. Sie hatte ihn verunsichert. Warum hat sie auf Alex angespielt? Was bezweckt sie damit? Machtdemonstration? Muss er es als Warnung auffassen? Wenn ja, warum droht Katharina ihm? Er hat keine Ahnung, was für einen Film sie gerade fährt, hat keine Idee, was für ein Ziel sie verfolgt. Das beunruhigt ihn ungemein. Was steckt wirklich dahinter, dass sie ihm den Auftrag entzogen hat? Unter normalen Umständen hätte sie das nie getan! Er hatte ihr gesagt, dass es noch keineswegs sicher ist, dass Guthardt der Mörder von Mike ist. Oh nein, Katharina gibt sich nicht mit Spekulationen und Halbwahrheiten zufrieden. Das ist nicht ihre Art. Bei ihr zählen nur Fakten, kein Vielleicht. Sie hätte ihn gedrängt, alles lückenlos aufzuklären, und gefordert, dass er jeden Stein fünfmal umdreht, wenn es der Wahrheitsfindung dient.

Aber was ist in diesem Fall schon normal?

Und dann noch das Gespräch mit Rene Borger. Ja, die Ausführungen des Schaustellers haben ihn mitgenommen, haben ihn berührt. Und er hatte ihm nichts Tröstendes sagen können. Fand keine Worte, um ihm seine Furcht zu nehmen. Was will man einem Menschen auch sagen, wenn da ein Psychopath durch Köln läuft, der scheinbar ungehindert einen perfiden Plan verfolgt, und er offensichtlich das nächste Opfer auf seiner Liste ist? Ein Killer, von dem es keine Beschreibung gibt und der jeden Augenblick wieder zuschlagen kann. Einzig vom Motiv, das den Mörder anzutreiben scheint, hat Parker seit dem Gespräch mit Doro Borger eine Vorstellung. Wenn auch nur eine vage.

Ihm ist jedoch klar, dass Rene Borger in großer Gefahr schwebt. Parker wollte sofort seinen Freund anrufen, um Polizeischutz für ihn vorzuschlagen. Aber er wusste, was Degen ihm darauf geantwortet hätte: »Lou, du kennst doch den Laden! Für so eine intensive Aktion fehlen mir einfach die Leute!«

Parker fährt sich durch die Haare und blickt in den Innenspiegel. Müde Augen glotzen ihn an – und plötzlich sehnt er sich nach Alexandra!

Wenn er sie jetzt schon nicht in den Arm nehmen kann, will er zumindest ihre Stimme hören! Und schon greift seine Hand nach dem Mobiltelefon. Doch er zögert, starrt auf das Display und entscheidet sich dagegen, ihre Nummer zu wählen.

Sie ist jetzt noch im Hotel. Sie arbeitet und hat keine Zeit, mit ihm zu telefonieren. Außerdem hat sie geschrieben, dass sie ihn anrufen wird.

Parkers Finger suchen und finden den Zettel in der Innentasche seiner Jacke. Versonnen liest er sich leise den darauf geschriebenen Text vor. Dann faltet er das Papier zusammen und steckt es zurück in die Jacke.

Ist er in der Lage, sich wieder auf eine Beziehung einzulassen? Oder ist es selbst für diese Frage noch viel zu früh? Apropos zu früh! Parker blickt auf die Uhr – es ist halb vier. Er beschließt, nach Hause zu fahren und auf dem Weg dorthin noch schnell etwas einzukaufen. Erstens, weil der Kühlschrank leer ist, zweitens, weil der undankbare Kater was zu beißen braucht, tja und drittens – Parker grinst in sich hinein – könnte es ja sein, dass Alex sich meldet und ihn sehen will. Dann wäre es gut, wenn er den Wein schon kalt gestellt hätte. Die Vorstellung, mit ihr den heutigen Abend zu verbringen, beflügelt ihn und hebt seine Laune schlagartig.

Sein Handy klingelt in dem Moment, in dem Parker etwas aus der Puste mit den drei vollen Einkaufstüten vor seiner Wohnungstür ankommt und sie abstellen will, um seinen Schlüssel hervorzuziehen. Zwischen genervtem Stöhnen und freudiger Erwartung hin- und hergerissen, gelingt es ihm, beim dritten Mal die Bond-Melodie zu unterbrechen.

»Parker!«, meldet er sich betont deutlich, bemüht, seinen Atem unter Kontrolle zu bringen.

»Hier ist Pete«, erklärt die aufgeregte Stimme am anderen Ende der Leitung. »Ich weiß nicht, ob Sie sich noch an mich erinnern! Wir hatten vorgestern wegen Benni miteinander ...«

»Natürlich erinnere ich mich an Sie«, schneidet ihm Parker das Wort ab und ist dabei nicht in der Lage, die Enttäuschung aus seinem Tonfall herauszuhalten.

»Pete aus dem ›Hallmackenreuther‹! Was kann ich für Sie tun?«

»Ich habe es in der Zeitung gelesen!«

Es entsteht eine Pause.

»Ja?«, fragt Parker ungeduldig. Er hat jetzt überhaupt keine Lust, im Treppenhaus zu stehen, mit einem jungen Mann zu telefonieren, dem man alles aus der Nase ziehen muss, und dabei auch noch das laut fordernde Miauen von Watson, das durch die geschlossene Tür dringt, zu ertragen. Parker spielt schon mit dem Gedanken, das Gespräch zu beenden, da hört er ein Räuspern in der Leitung.

»Ja, das mit Benni«, spricht der Mann endlich weiter, »ich hab's in der Zeitung gelesen. Das war doch der Benni, der da in Siegburg ermordet wurde, oder?«

»Ja.«

»Schrecklich!«

»Ja.«

»Ich ... ich habe Angst!«

»Warum?«

Keine Antwort.

Parker zwingt sich, ruhig zu bleiben. »Wenn Sie um Ihr Leben fürchten, wenden Sie sich an die Polizei!«

»Ich hab's nicht so mit den Uniformierten!«

Wieder eine Pause. Dann: »Da war noch ein dritter Mann!« Die Stimme klingt jetzt gepresst. »An dem Abend! Er kam an die Bar und hat ziemlich rumgestresst. Der hat dem Freund von Benni gedroht. Und der kann sich mit Sicherheit an mich erinnern. Was ist, wenn der Typ die beiden umgebracht hat? Dann weiß er, dass ich ihn wiedererkennen würde, und dann ...«

Wieder unterbricht ihn Parker, nur diesmal spricht er in einem sehr gedämpften Ton zu ihm: »Hören Sie, Pete, ich werde mich sofort zu Ihnen auf den Weg machen. Wo können wir uns treffen?«

Eine halbe Stunde später betritt Parker das »Hallmackenreuther«. Er braucht sich nicht lange umzuschauen, denn ein hoch aufgeschossener, schlaksiger Kerl mit blonden Rastalocken, Kinnbart und Lippenpiercing stößt sich von der Theke ab und kommt etwas ungelenk wirkend auf ihn zu.

Der Junge hat recht, denkt Parker, an *ihn* würde sich jeder Mörder erinnern! Beide Hände in der Hosentasche, bleibt er vor Parker stehen und fragt: »Sind Sie der Privatdetektiv? Ich bin Pete!«

Parker lächelt ihn freundlich an, nickt knapp und zeigt mit dem Kinn auf einen freien Tisch. »Wollen wir uns setzen?«

Pete presst die Lippen zusammen und nickt ebenfalls.

»Also«, beginnt Parker und kommt direkt zur Sache, »Sie können den Mann beschreiben, der gemeinsam mit Herrn Guthardt und Herrn Leander an der Bar stand?«

Der junge Mann blinzelt unsicher, als er antwortet: »Nein, die standen nicht gemeinsam an der Bar!«

»Sondern ...?«, fragt Parker irritiert und blickt Pete prüfend an. »Sie sagten am Telefon, dass da ...«

Der junge Mann schüttelt den Kopf. »Benni und sein Freund standen zusammen und haben Champagner getrunken. Dieser Macker kam plötzlich von irgendwoher dazu und hat Bennis Freund total angemacht. Der hat aber nicht klein beigegeben. Hat sich nichts gefallen lassen, sondern zurückge*punkt*, obwohl der Kerl zwei Köpfe größer war als er selbst.«

»Und wie sah der Mann aus?«

Pete verdreht die Augen. »Das war so ein Schrank«, er hebt die dünnen Arme einen guten Meter breit über seinen Kopf.

»Okay, und was noch?«

Pete antwortet nicht, schaut sich nervös um. Parker kann seine Angst förmlich riechen. Und er kann die Angst des Jungen verstehen. Doch die Zeit sitzt Parker im Nacken. Er denkt an Rene Borger. Denkt daran, dass bisher niemand den Mörder gesehen hat. Weder den einen noch den anderen – wenn seine Zwei-Täter-Theorie stimmen sollte.

Egal, wie dem auch sein mag – wer so brutal tötet, tut dies nicht zum letzten Mal. Und sollte Pete tatsächlich den Mörder von Mike und Benjamin gesehen haben und ihn beschreiben können, darf Parker ihn nicht mehr vom Haken lassen, um weitere Morde zu verhindern. Er *muss* ihn zum Reden bringen, wenn es sein muss, auch mit einer härteren Gangart.

Sein Gegenüber wirkt auf einmal ermattet und zittrig. Parker weiß aus Erfahrung, dass er behutsam mit dem Jungen umgehen müsste, doch ihm fehlt es jetzt an der angemessenen Geduld.

»Hören Sie zu«, sagt er leise und versucht es mit einer flapsigen Erklärung: »Ich habe zu Hause alles stehen und liegen gelassen. Lasse sogar meinen alten Kater verhungern. Habe wegen Ihnen mindestens ein halbes Dutzend Mal gegen die Straßenverkehrsordnung verstoßen und stehe jetzt zum krönenden Abschluss im Halteverbot. Und das alles nur, um so schnell wie möglich bei Ihnen zu sein. Tun Sie sich und mir den Gefallen und sagen Sie, was Sie wissen! Nur dann kann ich Ihnen auch helfen. Und das soll ich ja, sonst hätten Sie mich wohl kaum angerufen.«

Ein bisschen sieht es aus, als ringe Pete um seine Fassung. So als müsse er alle seine Kräfte aufbieten, um jetzt nicht mit einem Heulkrampf vom Stuhl zu fallen.

Parker beschließt, ihm noch ein wenig Zeit zu geben, und bestellt bei der Bedienung zwei Cola.

»Er hatte halblange schwarze Haare«, erklärt Pete, nachdem er sein Glas bis zur Hälfte geleert hat, »mit Gel nach hinten gekämmt. Sah aus wie ein Mafioso mit seiner Frisur und dem dunklen Anzug. Er trug ein weißes Hemd, ohne Krawatte. Der Typ ist gut zwei Meter groß und ziemlich gebräunt.«

Petes Hand schnellt unter dem Tisch hervor und greift erneut nach seinem Glas. Gierig schüttet er den Rest hinunter. Parker lässt sich nichts anmerken, aber natürlich ist ihm längst klar, von wem hier die Rede ist. Er kennt diesen Mann, und diese Erkenntnis trifft ihn bis ins Mark.

»Sie haben eine wirklich gute Beobachtungsgabe«, lobt Parker den Jungen. Der kratzt sich an der Nase und antwortet etwas verlegen: »Na ja, ich bin Schauspielschüler, da gehört das genaue Beobachten dazu.«

Parker lächelt den Jungen komplizenhaft an. »Na, dann können Sie doch sicherlich auch den Wortlaut der Auseinandersetzung wiedergeben. Können Sie sich erinnern? Was hat der Schrank denn so an Text von sich gegeben?«

Ein Ruck geht durch Petes Körper, und er setzt sich augenblicklich und wie an Fäden gezogen auf.

»Na klar erinnere ich mich daran!« Die Stimme klingt fast ein wenig beleidigt. »Er hat gesagt: ›Dass du Schmarotzer von ihrem Geld lebst, ist schon widerwärtig genug! Dass du sie ausnutzt, wo du nur kannst, dafür gehörst du windelweich geschlagen. Aber dass du dich in aller Öffentlichkeit mit deiner Schwuchtel triffst und so meine Mutter vor aller Augen demütigst, das werde ich nicht ungestraft lassen!‹«

Fast hätte Parker sich an seiner Cola verschluckt. Pete glotzt ihn verständnislos an.

»Hab ich was Falsches gesagt?«

»Nee«, wiegelt der Detektiv ab, »das haben Sie sehr anschaulich dargeboten. Und ich bin Ihnen sehr dankbar für Ihre Hilfe!«

Parker erhebt sich von seinem Platz und streckt dem Jungen zum Abschied die Hand entgegen.

»Aber ich dachte«, stöhnt Pete und macht ein gequältes Gesicht, »Sie würden mir helfen, würden mir sagen, wie ich mich verhalten soll, damit der Mörder mich nicht auch noch killt!«

Parker runzelt die Stirn und antwortet: »Ich glaube, da müssen Sie keine Angst haben. Der Mörder hat, so denke ich, nun andere Probleme, als sich um Sie zu kümmern.«

Er wendet sich zum Gehen, verharrt dann aber auf der Stelle und dreht sich noch einmal um.

»Doch um auf Nummer sicher zu gehen, Pete: Lassen Sie sich die Haare schneiden, rasieren Sie sich und entfernen Sie Ihr Piercing! Glauben Sie mir, selbst Ihre besten Freunde werden Sie dann nicht mehr wiedererkennen.«

★★★

Auf dem Weg zum Auto greift Parker nach seinem Handy.

»Ja, ich bin's! Wir müssen reden!«, erklärt er ohne Umschweife, während er mit schnellen Schritten die Brüsseler Straße hochgeht.

»Ja, wenn möglich heute noch! Super! Wann bist du zu Hause? Okay, ich komme dann zu dir. Bis nachher!« Parker legt auf und registriert im selben Moment erfreut, dass er augenscheinlich den Politessen zuvorgekommen ist – es klebt kein Strafzettel an der Windschutzscheibe.

DREIZEHN

Watson wartet bereits im Flur, als er eine gute halbe Stunde später die Wohnungstür öffnet. Im Blick des Katers glaubt Parker eine Mischung aus tiefem Vorwurf und grenzenloser Verachtung zu lesen. Ohne sich jedoch weiter um ihn zu kümmern, marschiert Parker an Watson vorbei, geradewegs auf die Küche zu.

Die Küchentür ist verschlossen, eine Vorsichtsmaßnahme, die er seit dem Tag, an dem Watson den gesamten Einkauf aufgefressen hat, penibel einhält.

Er dreht den Schlüssel herum. Hastig räumt er die noch vollen Einkaufstüten von vorhin aus und alles in die Schränke. Er denkt an die unterbrochene Kühlkette, hofft, dass der frische Aufschnitt und der teure Käse die zwei Stunden unbeschadet überlebt haben, und verstaut sie in den Kühlschrank. Die vier Flaschen Chablis legt er als Letztes hinein.

Als Parker zu den Dosen mit dem Katzenfutter kommt, weiß er den alten Watson im Rücken. Es ist beinah so, als würde er dessen heißen Atem im Genick spüren.

»Es tut mir leid!«, sagt Parker, dreht sich um und hält dem Kater zwei Dosen hin. »Dafür darfst du jetzt auch aussuchen! Welche Sorte soll es denn sein – Kaninchen oder Huhn, hm?«

Der Kater gibt einen heiseren Ton von sich, der nur entfernt etwas mit einem Miauen zu tun hat.

»Verstehe«, ruft Parker erfreut und hebt die Dose in seiner rechten Hand in die Höhe. »Kaninchen! Eine gute Wahl!«

Diesmal ist es sein Freund, der ihm aufmacht. Es ist kurz nach zwanzig Uhr, und Parker hört den Tagesschau-Sprecher, dessen Stimme aus dem Wohnzimmer in den Flur hallt, etwas über die außergewöhnlich warmen Frühlingstemperaturen sagen.

»Willst du ein Bier?«, fragt Degen, der geradewegs in die Küche abbiegt, während Parker vor dem Flachbildschirm verharrt und ungläubig den Kopf schüttelt.

»Was, morgen soll es bis zu dreißig Grad werden?«, sagt er

mehr zu sich selbst, um in Richtung Tür etwas lauter zu antworten: »Ähm ja, ein kühles Bier kommt jetzt gut!«

Kurz darauf erscheint Degen mit zwei geöffneten Flaschen, wovon er eine Parker hinhält. »Lass uns nach nebenan gehen«, sagt Degen, greift nach der Fernbedienung und schaltet den Fernseher aus. Parker setzt sich an den massiven Holztisch und schaut zu Degen, der den Stuhl ihm gegenüber nimmt.

»Ist Marie nicht da?«, fragt Parker.

»Nee, ist mit einer Freundin im Kino. Eigentlich wäre ich ja mit ihr gegangen. Heute ist unser Ausgehtag.«

»Oh, das tut mir leid …«, entfährt es Parker ehrlich zerknirscht und ihn überkommt sogleich das schlechte Gewissen, weil er weiß, wie heilig solche Zeitfenster für Paare sind, wo einer von beiden im Polizeidienst tätig ist. »Das hättest du mir sagen können, dann …«

Degen winkt ab. »Ach was! Du hast mich gerettet! Es ist der neue Film mit Hugh Grant«, stöhnt er, wobei der Name des Schauspielers besonders akzentuiert über seine Lippen kommt. Parker muss grinsen.

Sein Freund hebt die Flasche an, und er tut es ihm gleich.

»Na dann, auf den guten alten Hugh«, sagt er und stößt mit Degen an. Nachdem sie getrunken und ihr Bier abgestellt haben, meint Degen: »Aber nun raus damit: Was gibt es so Dringendes, was nicht hätte auch morgen besprochen werden können?«

Bevor Parker auf die Frage antwortet, steht er auf und geht rasch in den Flur zur Garderobe, um aus seiner Jacke das Mobiltelefon herauszuholen. Zurück am Tisch, legt er das Handy vor sich hin. Dabei bemerkt er, wie sein Freund ihn stirnrunzelnd mustert. »Na ja«, druckst er herum, »es könnte sein, dass sie mich anruft!«

»Wer?«

»Alex!« Er räuspert sich. »Alexandra. Ich hab dir von ihr erzählt.«

»Ist es was Ernstes?«

Parkers Blick geht zur Decke. Wenn er das wüsste!

»Kann ich noch nicht so genau sagen«, gibt er ausweichend zur Antwort. Eigentlich hat er keine Lust, über sie zu sprechen.

Aber so richtig stimmt das auch nicht. Die letzte Nacht scheint doch mehr bei ihm hinterlassen zu haben, als er es sich zugestehen will.

Warum ruft sie nicht an? Sie könnte doch einfach nur mal Hallo sagen. Mehr müsste es ja nicht sein. Magenziehen. Verdammt, auf solche Gefühlsduseleien hat er jetzt aber überhaupt keine Lust! Und er hat dafür auch momentan keine Zeit. Passt so gar nicht. Über genügend Baustellen kann er sich nun wirklich nicht beklagen. Das hat ihm gerade noch gefehlt. Aber was ist das »Das«?

»Hey, Lou!«

Die Stimme dringt in sein Bewusstsein.

»Bist du noch da?«

Parker senkt seinen Blick von der Decke geradewegs in Degens breit lächelndes Gesicht. »Hey, Alter, du bist verliebt«, ruft Degen aus, »das sehe ich dir doch an!«

Parker lässt das unkommentiert.

»Du kannst mir ruhig von ihr erzählen«, fährt Degen fort. »Wozu hat man schließlich Freunde?«

Parker wartet.

»Ich freu mich doch für dich! Warst viel zu lange allein – Mensch, Lou, das ist doch super! Wann lernen wir sie kennen?«

Parker weiß den ehrlich gemeinten Enthusiasmus seines Freundes durchaus zu schätzen, doch das geht ihm jetzt ein wenig zu weit. Er reißt die Hände vor die Brust und erklärt mit einem knappen Lächeln: »Jo, ich hab sie gerade erst kennengelernt! Und ich bin heute auch nicht hierhergekommen, um mit dir über Alex zu reden! Das mit ihr ist alles noch viel zu frisch, um bereits Pläne zu schmieden.«

Degen hält den Kopf schief und blickt ihn schmunzelnd an.

»Ja«, lenkt Parker ein, »zugegeben, es ist was da! Es kribbelt und fühlt sich nach ... nach irgendetwas an, was ich aber hier und jetzt nicht näher vertiefen möchte. Sobald ich mir sicher bin, was es genau ist, werde ich dir berichten! Versprochen, okay?«

»Kein Problem!«

Diesmal ist es Degen, der seine Hände hebt. Beschwichtigend. »Aber ich freu mich trotzdem für dich!«

»Abwarten!«

»Pessimist!« Es entsteht eine längere Pause, eine wohltuende Pause, in der Parker seine Gedanken ordnet. Schließlich:

»Katharina hat mir den Auftrag entzogen! Sie hat mich ausgezahlt und den Fall für abgeschlossen erklärt. Aber das ist noch nicht alles!« Er hält kurz inne, jedoch nicht, um seinen Freund auf die Folter zu spannen, sondern weil ihm die Brisanz des noch Unausgesprochenen durchaus bewusst ist.

»Sie hat einen Sohn! Timo. Er ist ihr Bodyguard! Ich habe heute mit einem Zeugen gesprochen, ein junger Kerl, der im ›Hallmackenreuther‹ kellnert, und nach seiner Beschreibung, die eins zu eins auf Timo passt, hat Timo Mike Leander gedroht, ihn zu bestrafen. Zu bestrafen, weil er sich in der Öffentlichkeit mit seiner Affäre zeigt. Laut Aussage des Jungen habe Timo gesagt, dass er es nicht hinnehmen würde, dass Mike seine Mutter weiterhin demütigt.«

Die beiden Freunde sehen sich an. Degen nickt und entgegnet: »Und du denkst, dieser Timo hat den Liebhaber seiner Mutter umgebracht?«

»Es deutet einiges darauf hin! Ich kenne Timo – zutrauen würde ich es ihm. Aber ob er auch für den Tod von Guthardt verantwortlich ist, kann ich nicht sagen. Was sagt die KTU? Was hat denn die Obduktion ergeben?«

»Dass es sich bei dem Borger-Mord und dem in Siegburg tatsächlich um dieselbe Tatwaffe handelt. Unsere Vermutungen gingen in die richtige Richtung. Tja, die Akte liegt jetzt bei mir aufm Tisch. Die Untersuchungen an dem Mord an Guthardt ergaben Folgendes: Insgesamt waren es zwölf Stiche. Ziemlich tief, mit großer Wucht ausgeführt und jeweils bis zum Anschlag des Messers. Hals, Oberbauch, Lunge und acht in der Gegend des Herzens. Das Opfer ist sehr langsam gestorben, so der Gerichtsmediziner. Die Tatwaffe, die zum Tode geführt hat, hat keine scharfe, aber eine glatte Klinge. Recht lang. Ungefähr zwanzig Zentimeter. Es könnte sich dabei um ein größeres Klappmesser oder Stilett handeln. Dann aber gab es noch ein zweites Messer. Alles deutet darauf hin, dass die Verstümmlung mit einer Hakenklinge ausgeführt wurde.«

»Mit einer Hakenklinge?«

»Ja, es handelt sich wohlmöglich um ein Teppichmesser.«

»Und damit wurde Borger, aber nicht Mike die Hoden abgetrennt?«

»So ist es!«

»Also ist an unserer Theorie, dass es zwei Täter sind, die aus ganz unterschiedlichen Beweggründen morden, durchaus was dran!«

»Ich fürchte, ja«, antwortet Degen mit düsterer Miene, »was es aber nicht einfacher macht! Jetzt haben wir es ganz offensichtlich mit zwei irren Mördern zu tun.«

»Dass Timo wirklich irre ist, bezweifle ich«, antwortet Parker mit einem entschiedenen Kopfschütteln. »Er hat das getan, wozu er glaubt, berufen zu sein: seine Mutter vor allem und jedem zu beschützen. Man kann es irre nennen, ich würde es eher als kaltblütig und durchdacht bezeichnen. Timo hat ihn am Rheinufer abgefangen – ihm war die Laufstrecke von Mike bekannt –, hat ihn erstochen und, um den Mord dem wahren Psychopathen in die Schuhe zu schieben, ihn post mortem entmannt. Diese Vorgehensweise, wenn auch ungenau beschrieben, hatte er aus der Zeitung.«

»Okay, das könnte ein Motiv sein«, bekräftigt Degen. »Aber was ist mit dem Mord an Guthardt?«

»Guthardt musste sterben, weil unser Psychopath annahm, dass er der Mörder von Mike war. Und dass er gar nicht anders konnte, als ihn aus dem Weg zu räumen, das haben wir ja das letzte Mal schon durchgekaut.«

»Dein Rollenspiel! Schon klar«, knurrt Degen. »Aber warum nahm Guthardts Mörder an, dass er den Richtigen bestrafte? Woher kannte der Täter den Freund von Mike?«

Parker zuckt mit den Schultern.

»Vielleicht aus der Kölner Partyszene!«

»Hm«, brummt Degen, stützt die Ellbogen auf die Stuhllehnen.

Sekundenlanges Schweigen.

Dann sieht er auf und fragt: »Was denkst du? Weiß der Mörder, dass er den Falschen umgebracht hat?«

»Keine Ahnung! Aber wenn ja, was bedeutet das?«

Degens Antwort kommt ohne Zögern. »Dass der Sohn von Katharina in Gefahr ist!«

»Was aber wiederum voraussetzt, dass er Timo kennt.«

Degen fährt sich mit der Hand durchs Gesicht und erwidert gereizt: »So kommen wir kein Stück weiter! Alles nur Spekulationen! Ich hab das Gefühl, wir fokussieren uns zu sehr auf den Mord an Guthardt und lassen den an Daniel Borger völlig außen vor. Wo liegt da das Motiv?«

»Da hätte ich eventuell eines im Angebot!«, antwortet Parker mit dem Anflug eines Lächelns, berichtet dem Kommissar über seine Besuche bei den Borgers und beendet seine Ausführung mit: »... beide, Schwester und Bruder, haben von einem Fluch gesprochen, der nunmehr seit gut achtzig Jahren auf der Familie lastet.«

Degen, der mit immer verdrießlich werdender Miene zugehört hat, stöhnt auf: »Und wie alt soll dieser Vollstrecker heute sein? Denkst du dabei an einen mordenden Methusalem?«

Parker entgeht der spöttische Unterton seines Freundes keineswegs, und er kann dessen Skepsis verstehen. Trotzdem ärgert es ihn, wie Degen reagiert.

»Du hast doch selber davon gesprochen, dass deine Recherchen ergeben haben, dass die Familie Borger seit den dreißiger Jahren immer wieder Opfer solch grausamer Taten war. Vielleicht gibt es ja jemanden, der den Auftrag übertragen bekommen hat!«

Degens Augen weiten sich.

»Ach, du meinst wie bei einem Staffellauf?« In seinem Blick liegt jetzt gespielte Anerkennung. »Oder denkst du da eher an so eine Art Generationenvertrag?«

Nun wird es Parker doch zu bunt, und er antwortet provozierend: »Wenn du alles, was ich sage, ins Lächerliche ziehst, und alles, was von mir kommt, kategorisch ausschließt, dann können wir das hier auch lassen! Ich dachte, wir würden versuchen, einzelne Puzzleteilchen im Heuhaufen zu finden, um sie gemeinsam – die Betonung liegt auf ›gemeinsam‹ – zusammenzusetzen. Aber ich komme mir vor, als ob du mich zum Stichwortgeber degradiert hast. Vielleicht ist es besser, jeder arbeitet für sich!«

Parker legt seine Hände auf den Tisch, stützt sich ab und macht Anstalten aufzustehen.

»Hey, Lou«, raunt ihm Degen zu, »was bist du denn so dünnhäutig! Bleib bitte sitzen!«

Ja, sein Freund hat recht – er ist dünnhäutig. Verdammt! Und er weiß auch, dass es Degen nicht so meint, wie er es sagt. Er weiß das, schließlich kennt man sich schon eine halbe Ewigkeit.

Degen schaut ihn an, zögert noch, dann räumt er ein: »Lou, es tut mir leid, dass ich dir den Eindruck vermittelt habe, dass ich das, was du sagst, nicht schätze. Und es war bestimmt nicht meine Absicht, dich zu degradieren. Hey, du kennst mich, ich bin halt manchmal ein Stinkstiefel. Gerade dann, wenn ich unter Druck stehe. Ich bin doch heilfroh, dich bei den Ermittlungen an meiner Seite zu wissen.«

Für einen Moment herrscht Schweigen zwischen den Freunden.

Ohne es zu wollen, drängen sich bei Parker Erinnerungen auf. Er sieht sich und Degen, wie sie in ihren Anfangsjahren bei der Polizei gemeinsam Streife fahren. Und wie sie sich die langen Nächte, in denen nichts passierte, im Wagen sitzend gegenseitig ihre Zukunft prognostizierten, um der bleiernen Langeweile etwas entgegenzusetzen.

Schon verrückt, wie schnell die Zeit vergeht. Und wie sehr sie beide mit ihren Vorhersagen danebenlagen.

Parker grinst schief, greift nach seiner Bierflasche und prostet Degen zu. »Na, dann ist ja gut! Ich dachte schon, wir müssten in deinen Keller gehen und uns die Boxhandschuhe überziehen!«

»Übrigens Keller«, sagt Degen schmunzelnd, und Parker bemerkt die Erleichterung in seiner Stimme, »ich hab seit letztem Dienstag ein neues Rudergerät – das alte war ja ziemlich durchgenudelt –, das solltest du mal bei Gelegenheit ausprobieren.«

»Ich freu mich drauf! Aber zuallererst sollten wir uns um Timo kümmern.«

»Sehe ich auch so«, meint Degen. »Ich werde ihn morgen einladen, zu mir ins Büro zu kommen – ich möchte dem Knaben gerne mal auf den Zahn fühlen! Dafür wäre es gut, wenn dein Zeuge morgen ebenfalls zu mir kommt. Gib mir seinen Namen und seine Telefonnummer, und ich kümmere mich darum.«

»Hm, ich schätze, die Beweislage ist etwas zu mager, um Timo dem Haftrichter vorzuführen«, erwidert Parker. »Und einem Verhör hält der Kerl stand. Das ist ein harter Hund, der wird nicht gestehen. Den musst du überführen. Und dazu brauchst du stichhaltige Beweise. Selbst wenn der Junge Timo zweifelsfrei wiedererkennt, heißt das noch nicht, dass man ihm was nachweisen kann. Der Sohn von jemandem zu sein, ist nicht strafbar!«

»Und was schlägst du vor?«

»Jo, gib mir morgen deinen Wagen und zwei Stunden!«

Parker lächelt seinen Freund an und lehnt sich zurück. Dann spricht er salbungsvoll weiter: »Bevor du das große Besteck auspackst, möchte ich es erst mal auf meine Art versuchen. Ich kenne Katharina. Und ich kenne Timo. Vielleicht kann ich mehr erreichen als du. Du weißt, die sprechen nicht mit Bullen! Aber einem Privatschnüffler machen sie zumindest die Tür auf!«

Degen schmunzelt gnädig.

»Ich muss verrückt sein, mich auf so einen Deal einzulassen! Glaubst du im Ernst, die werden dir reuevoll ihr Herz ausschütten und einen Mord gestehen? Wozu sollten sie das tun?«

»Ehrlich, Jo, ich hab keine Ahnung! Aber wir sollten es auf einen Versuch ankommen lassen. Was hast du zu verlieren? Du wirst Timo zum jetzigen Stand nichts beweisen können! Und was passiert dann? Erinnere dich – Katharina konnte man die Morde im Königsforst bis heute nicht nachweisen. Und ich befürchte, wenn die Mutter auch nur einen Hauch davon mitbekommt, dass sich die Mordkommission für ihren Sohnemann interessiert, wird er blitzschnell von der Bildfläche verschwinden. Wenn das nicht schon geschehen ist. Sollte

Katharina mittlerweile darüber Bescheid wissen, dass Timo Mike umgebracht hat, und danach sieht es aus – es würde ihr merkwürdiges Verhalten mir gegenüber erklären –, dann wird es sowieso eng, ihn überhaupt noch zu kriegen.«

»Und wozu brauchst du mein Auto?«, fragt Degen. »Und wie soll ich ins Präsidium kommen?«

»Ich lass dir meinen da. Ich hab doch gesehen, wie viel Spaß du hattest, als du mich von Siegburg nach Hause gefahren hast.«

Parker verschränkt die Hände hinterm Kopf und fügt im Brustton der Überzeugung hinzu: »Morgen werden es über dreißig Grad, da willst du gar nicht in deinem stickigen Auto sitzen!«

»Ich hab 'ne Klimaanlage!«

»Ja und wenn schon: Was ist das gegen das Open-Air-Feeling!«

»Und was hast du vor mit dieser Wagentauschaktion?«

»Mein Auto ist zu auffällig! Ich werde mir was einfallen lassen und eine Blendgranate werfen! Und dann hoffen, dass da was aus dem Unterholz gesprungen kommt. Und dafür brauche ich ein Tarnfahrzeug.«

»Was soll das heißen: Blendgranate werfen?«

»Jo, du kennst mich, ich muss dir doch nichts erklären – ich improvisiere gerne. Hab ich immer schon gemacht, und das durchaus erfolgreich! Wenn das einer weiß, dann du!«

Degen reibt sich mit der Handfläche über den Kopf und stöhnt auf.

»Du bist ein unverbesserlicher Outlaw«, knurrt er zwischen den Zähnen. »Weißt du, dass ich seit einem halben Jahr einen immer wiederkehrenden Alptraum habe? Immer dasselbe Drehbuch, nur die Schauplätze variieren! Soll ich dir davon erzählen?«

Parker zuckt stumm mit den Achseln.

»In diesen Träumen, ich lieg schon im Bett, werde ich angerufen, ich soll eine Leiche identifizieren. Mal auf irgendeiner Müllkippe, mal am Rheinufer, mal auf der Straße, auf dem nass glänzenden Asphalt, in einer heruntergekommenen Gegend. Und ich fahre zum Tatort, und es ist immer das gleiche Wetter – es gießt wie aus Eimern, und die Nacht ist pechschwarz, und mir ist kalt. Die Kollegen stehen da und bilden einen Kreis, ohne ein Wort zu sagen. Und sie tragen alle lange schwarze Mäntel und breite Hüte. Ihre Gesichter haben sie abgewendet, ich kann keinen von ihnen erkennen. Sie wissen, dass ich da bin, und treten auseinander, öffnen den Kreis, und ich sehe den Leichnam – und egal, wie er zugerichtet ist, ich weiß immer sofort, dass *du* es bist, der da liegt!«

VIERZEHN

Parker hat den anthrazitfarbenen 3er-BMW so geparkt, dass er die Einfahrt zu Katharinas Grundstück im Rückspiegel beobachten kann. Er ist nervös. Er ist angespannt.

Der Hals ist trocken, und die Sonne knallt bereits jetzt, kurz vor halb zehn, gnadenlos durch die Frontscheibe auf seinen Kopf und öffnet die Poren.

Fahrig wischt er sich mit der Hand über die feuchte Stirn, um dann neben sich auf den Beifahrersitz zu langen. Die Finger suchen und finden die Flasche und stellen sie zwischen seine Beine.

Ohne den Blick vom Spiegel zu nehmen, dreht er den Verschluss auf, führt die Flasche zum Mund und lässt das noch kühle Mineralwasser in vier, fünf kleinen Schlucken durch seine Kehle laufen. Besser!

Er wartet einen Augenblick, setzt dann noch mal an, trinkt erneut, vorsichtig, darauf bedacht, sich nicht zu verschlucken, und klemmt die Flasche wieder zwischen seine Oberschenkel.

Kein Anruf! Keine SMS! Er dreht den Verschluss zu und legt die Flasche zurück.

Was hat das zu bedeuten? Verdammt, er muss sich auf seinen Job konzentrieren.

Er versteht es nicht. Versteht Alexandra nicht! Warum meldet sie sich nicht bei ihm?

Versteht sich nicht!

Warum macht es ihm so viel aus? Was ist schon passiert, vorletzte Nacht? Sie haben miteinander geschlafen, na und? Was heißt das schon?

Und was weiß er schon von ihr? Nein, er kann keineswegs behaupten, sie zu kennen.

Und dann noch Degens Traum! Die Schilderung seines Freundes ist ihm ziemlich unter die Haut gegangen.

TOTENSTILLE

Mord an einem ganzen Dorf.

Ein erbitterter Krieg zwischen Kirche und heidnischem Kult.

Aberglaube, Religion und Intrigen im Mittelalter.

DENNIS VLAMINCK

DAS SCHWARZE SAKRAMENT

EIN KRIMI AUS DEM MITTELALTER

ISBN 978-3-95451-453-3 · Klappenbroschur · 14,95 Euro (D)

EIN WÜRDIGER NACHFOLGER VON SCHÄTZINGS »TOD UND TEUFEL«!

emons:

emons: verlag Tel. 0221-56977-0 · info@emons-verlag.de

emons: verlag
Lütticher Straße 38

50674 Köln

Bitte senden Sie mir das aktuelle Verlagsprogramm zu

Ich möchte den Newsletter von emons: per E-Mail erhalten

Ich habe Interesse an Krimis aus folgender Region:

Besuchen Sie uns auch auf **www.facebook.com/EmonsVerlag**

Name

Straße

PLZ/Ort

E-Mail

Er greift in seine Hemdtasche, holt das Handy heraus und wählt die Nummer. Es klingelt lange, bis endlich abgenommen wird.
»Ja?«, fragt die Stimme schroff.
»Hallo, Katharina, ich bin's, Lou!«
Schweigen. Parker wartet.
Dann: »Was willst du?«
»Ich wollte dich beglückwünschen!«
Wieder Schweigen.
»Was soll der Quatsch? Zu was willst du mich beglückwünschen?«
Diesmal legt der Detektiv eine Pause ein.
»Red schon! Ich hab keine Zeit für diese Art Spielchen!«, blafft sie.
Parker grinst.
»Na, ich wollte dich zu deinem Sohn beglückwünschen!«
Er hält kurz die Luft an, horcht angestrengt in den Hörer hinein. Er kann sie atmen hören.
»Timo ist doch dein Sohn, oder? Kannst stolz auf ihn sein – ein so großer und starker Junge. Und dann ist er auch noch so folgsam! Dir fast schon hörig.« Parker lacht auf. »Ein richtiges Muttersöhnchen! Nein wirklich, Katharina, da hast du aber wahrhaftig Glück gehabt. Wenn man sich dagegen so manch anderen Nachwuchs anguckt … Da wissen selbst die Eltern nicht, auf wen die Brut so kommt. Aber das ist ja bei dir anders! Ich würde mich zu gerne mit dir über deinen Sprössling unterhalten. In einer guten halben Stunde kann ich bei dir sein! Ist dir das …?« Aufgelegt. Katharina hat das Gespräch gekappt.

Parkers Zunge fährt über seine trockenen Lippen.
Er schnappt sich die Flasche, trinkt und schüttet ein wenig Wasser in die Kuhle seiner Handfläche. Er befeuchtet Nacken und Stirn.
Jetzt heißt es abwarten und hoffen, dass seine Provokation den gewünschten Erfolg hat. Ein schneller Blick auf die Uhr: gleich zehn. Sein Magen rumort laut, und Parker sehnt sich, wie seit einer Ewigkeit nicht mehr, nach einer Zigarette. Er

lässt den Kopf sinken, starrt auf das Telefon in seiner Hand und seufzt tief.

In dem Moment, in dem er wieder aufschaut, sieht er, wie sich im Innenspiegel die Motorhaube des silbergrauen Bentleys zeigt.

Parker steckt das Handy weg, startet den Motor und wartet. Etwas träge rollt die schwere Karosse zur Straße herunter und bleibt dort stehen. Ein kurzer Augenblick und der Fahrer nutzt eine Lücke, um sich in den Verkehr einzufädeln. Und schon rauscht der Wagen an Parker vorbei, der drei Autos vorbeilassen muss, bis er nun ebenfalls auf die Straße fahren kann.

Wer in dem Bentley saß, konnte Parker nicht erkennen. Die dunklen Scheiben haben ihm jedweden Einblick verwehrt. So hat er keine Ahnung, weder, wer am Steuer sitzt, noch, wie viele Personen sich im Wagen befinden. Ihm ist klar, dass er sich bei der Verfolgung nur auf sein Bauchgefühl verlassen muss. Es ist keineswegs gesagt, dass in dem Wagen vor ihm tatsächlich Katharina oder Timo sitzt. Vielleicht chauffiert einer der Bodyguards Katharina zum Friseur oder fährt Brötchen holen.

Parker schüttelt den Kopf und versucht, seine Gedanken zu ordnen. Es bringt nichts, sich mit Fragen zu beschäftigen, die er sich jetzt nicht beantworten kann. Der Bentley nimmt nach dem Kreisverkehr die Autobahnauffahrt in Richtung Frankfurt/Olpe/Flughafen Köln-Bonn. Fährt sie etwa ihren Sohn zum Flughafen?

Dann wird es schwierig, Timo zu stellen. Im Gegensatz zu Parker, der erst noch einen Parkplatz finden muss, braucht Timo nur aus dem Wagen zu springen, um im Flughafengebäude zu verschwinden.

Soll er den Bentley überholen, um vor ihm da zu sein?

Das wäre äußerst riskant.

Parker spürt, wie er nervös wird, und dieses Gefühl mag er überhaupt nicht.

Was soll er nun tun?

Er muss handeln! Schnell! Für einen kurzen Moment überlegt er, Degen anzurufen, doch er verwirft den Gedanken sofort wieder, da der Blinker der Nobelkarosse einen Spurwechsel nach rechts anzeigt. Der Wagen wechselt am Autobahnkreuz auf die A 4 Köln-Ost/Oberhausen/Düsseldorf/Olpe. Beruhigt atmet Parker aus und lehnt sich entspannt zurück. Was sich auch nach einer Weile nicht ändert, da der Bentley mit gleichbleibender Geschwindigkeit von einhundertzwanzig Stundenkilometern stur auf der rechten Seite bleibt. Eine wilde Verfolgungsjagd sieht anders aus! Parker hatte mit einer aggressiveren Fahrweise gerechnet.

Er lässt den Kopf im Nacken kreisen. Allmählich legt sich seine Nervosität, und je länger die Fahrt dauert, desto klarer arbeitet sein Verstand.

Darauf bedacht, den Abstand zu wahren und nicht direkt im Rückspiegel des Silbergrauen aufzutauchen, sorgt er dafür, dass sich zwischen ihm und dem Bentley immer mindestens zwei Autos befinden.

Der Detektiv macht sich nun keine Sorgen mehr – so schnell wird er das Fahrzeug nicht aus den Augen verlieren, dafür ist es schlicht und ergreifend zu auffällig. Und selbst wenn es die Geschwindigkeit erhöhen sollte, der BMW ist da durchaus in der Lage mitzuhalten. Zudem lässt es der Verkehr aktuell nicht zu, das Gaspedal für einen längeren Zeitraum durchzudrücken. Wie zum Beweis staut es sich jetzt wegen einer Baustelle. Parker nimmt den Fuß vom Gas und schaltet zwei Gänge zurück.

Die Finger seiner rechten Hand öffnen das Fach in der Mittelkonsole. Irgendwo hier hat sein Freund sie doch immer gebunkert. Parker wirft einen schnellen Blick hinein und wird fündig. Mit einem breiten Grinsen drückt er eines der gelben Fruchtbonbons aus der Verpackung und steckt es sich in den Mund.

Wo wird der Bentley ihn hinführen?

Im Geiste bedankt er sich bei Degen, dass er ihm einen vollgetankten Wagen zur Verfügung gestellt hat.

Und was wird ihn erwarten?

Parker muss sich eingestehen, dass er keinen wirklichen Plan hat. Hatte er aber früher, als er noch im Polizeidienst war, auch nicht immer. Doch damals konnte er sich auf seinen Kumpel Degen verlassen, der ihn mehr als einmal vom Eis geholt hat.

Nein, Parker hat keine Ahnung, worauf er sich vorbereiten soll. Hofft aber, dass ihm was einfällt, sobald er gefordert wird. Parker lässt die Mundwinkel hängen. Ja, Jo hat schon recht, wenn er ihm vorwirft, er sei häufig viel zu leichtsinnig. Dass er stets mit dem Kopf durch die Wand wolle, dass er viel zu viel riskiere, dass er viel zu eigensinnig sei. Stimmt alles! Und mit seiner Art der Problemlösung wäre er so oder so irgendwann aus dem Polizeidienst geflogen.

Autobahnkreuz 28, Olpe-Süd. Der Bentley hält sich rechts und folgt den Schildern A 45 Richtung Frankfurt.
Wo willst du mit mir hin?
Parker schaut auf den Kilometerstand – er folgt dem Wagen seit nun schon fast einhundert Kilometern. Ein Blick auf die Uhr: gleich elf. Eine Stunde ist er nun schon unterwegs. Parker greift erneut neben sich. Als er die Flasche wieder zurücklegt, setzt der silbergraue Wagen den Blinker, fährt die Ausfahrt Siegen-Süd ab, um sich dann rechts in die Leimbachstraße einzufädeln.
Parker hängt sich dran, mit der unbestimmten Gewissheit, gleich am Zielort anzukommen, und sofort setzt das Rumoren in seinem Magen wieder ein.

★★★

Kraftvoll zieht er die Wagentür zu sich ins Schloss und blickt durch das Fenster zu der anderen Seite hinüber. Eine herannahende Straßenbahn wird langsamer, bleibt schließlich stehen und nimmt ihm die Sicht. Stattdessen sieht er Menschen, die auf ihren Plätzen sitzen und geradeaus schauen. Menschen, die stehen, sich an Sicherheitsstangen festhalten. Menschen, die mit Stöpseln in den Ohren unablässig auf das Smartphone in ihrer Hand starren. Menschen, die scheinbar ohne ein Gegenüber pausenlos den Mund bewegen. Er lächelt. Dieses Schauspiel amüsiert ihn. Er nennt es Realitytheater. Menschen aus einer sicheren Distanz zu beobachten fasziniert ihn. Er vergleicht es mit dem Jäger, der von einem Hochsitz auf das Wild schaut.
Stundenlang könnte er sich damit befassen. Die Bahn fährt

an und gibt den unmittelbaren Blick auf das gegenüberliegende Festgelände wieder frei. Auch wenn er von seiner Position aus das Fahrgeschäft der Borgers nicht sehen kann, so weiß er sich doch in ihrer Nähe.

Er hat ihn beobachtet. Wie an den Tagen zuvor.

Hat seine Angst gespürt.

Nur noch zwei Tage. Zwei Tage Kirmes.

Bis dahin wird es erledigt sein. Dann ist der letzte direkte Nachkomme dieser Hundsgeburt von Borger ausgelöscht. Dann wird er seine Mission erfüllt haben.

Er hat noch zwei Tage. *Sie* haben noch zwei Tage. Rene Borger hat noch zwei, er hat noch zwei!

Vater! Nein, es war vergebens. Er konnte ihn nicht davon überzeugen, mit dabei zu sein.

Er ist einfach zu starrsinnig, will nicht akzeptieren, dass sich die Zeiten geändert haben. Dass es unabdingbar ist, mit der Tradition zu brechen.

Nun muss er es wieder allein tun. Nein, nicht allein – sie wird bei ihm sein!

»Du hast recht getan«, meldet sich die Stimme sanft in ihm, »du hast den bestraft, der unsere Ehre besudelt hat, weil er auf dilettantische Art und Weise versucht hat, unsere von Gott legitimierten und vollstreckten Sühneurteile nachzuahmen, um von seiner schändlichen Tat abzulenken und die Polizei in die Irre zu führen.«

Er nickt stumm.

Und die Stimme spricht weiter: »Nun stehst du kurz davor, mir meine Ehre zurückzugeben. Ich bin sehr stolz auf dich! Bald werde ich den Frieden in mir spüren, nach dem ich mich all die Zeit so sehr gesehnt habe.«

Tränen laufen ihm übers Gesicht.

Grob wischt er sie weg, wendet sich zur rechten Seite, seine Hand gleitet unter den Beifahrersitz, die Finger ertasten den Stoff und ziehen das beige Bündel hervor.

Ruckartig setzt er sich wieder aufrecht und schlägt das auf dem Schoß liegende Leinentuch langsam auf. Es schaudert ihn noch immer, wenn er an den Moment denkt, wo sie ihm das

Messer überreicht hat. Das war ziemlich exakt drei Monate vor ihrem Tod. Ehrfürchtig schaut er nun auf das freigelegte Stilett, das schon so lange im Familienbesitz ist. Seine Großmutter hatte es einst in einem Geschäft auf der Hohe Straße gekauft. Vor genau siebenundsiebzig Jahren.

Bis auf die Klinge, die zwanzig Zentimeter lang und schmal ist, eine eher unscheinbare, schmucklose Stichwaffe, die in einem Guss aus dunklem Metall geschmiedet wurde, die jedoch äußerst effizient ihre Dienste tut. »Gnadengeber« hat man das Messer in früheren Zeiten genannt.

Er fährt mit den Fingern über die Klinge und schließt sie dann am Griffstück zu einer Faust. Ein guter Name. Eine ehrenhafte Waffe.

Nicht zu vergleichen mit dem Cuttermesser, das im Handschuhfach liegt. Früher hatten sie noch ein Skalpell benutzt. Großmutters Skalpell! Aber das hat Vater 1960 in den Rhein geworfen, damals, nach dem letzten Mord. Er war dann in den Osten geflohen.

Das war vor seiner Geburt.

Dass er seine Mutter nie kennengelernt hat, da sie bei seiner Geburt verstarb, hat ihn zu keinem Zeitpunkt geschmerzt. Wie sollte es auch, er kannte es ja nicht anders. Wusste nicht, was er vermissen sollte. Großmutter kam und kümmerte sich, sie war immer für ihn und seinen Vater da. Vater musste ja Geld verdienen. Zehn Jahre nach dem Fall der Mauer sind sie in den Westen. Großmutter wollte den Rest ihres Lebens in ihrer Heimatstadt Köln verbringen, Vater hat es ihr nicht verwehrt – wie so viele ihrer Wünsche.

Er schließt die Augen, und das väterliche Gesicht taucht vor ihm auf. Dieses gütige Gesicht, fein und zart. Und diese wasserblauen Augen. Zart auch sein Körperbau, der beinahe zerbrechlich wirkt.

Und das früher schon, als er noch ein junger Mann war – als er noch ein Junge war.

Er kennt die Fotos. Eigentlich wurde aus diesem Jungen nie ein Mann.

Ganz im Gegensatz zu ihm. Großmutter sagte immer, er käme auf seinen Großvater.

Oh ja, er weiß, dass er ein Bastard ist. Ein Bastard wie sein Vater.

Weiß, dass das Blut der Borgers auch durch seine Adern fließt. Damit muss er bis zu seinem Tod leben! Und er kann die abscheuliche Tat, die sie über sich hat ergehen lassen müssen, nicht ungeschehen machen, das konnte auch Vater nicht. Doch kann er verhindern, dass sich so etwas jemals wiederholt. Er *kann* verhindern, dass sich der männliche Zweig der Borgers weiter fortpflanzt.

Sicher, der Tag der Zeugung und der Tag der Geburt waren Jahrzehnte lang so etwas wie ein Fanal, ein Zeichen gegen das Vergessen. Und das Ritual, dann zu töten, wenn der erste Mai auf einen Sonntag und der achtzehnte Februar auf einen Samstag fällt, hatte seine Berechtigung.

Nach dieser Rechnung hätte Rene Borger noch sieben Jahre zu leben.

In dieser Zeit könnte er einen oder mehrere männliche Nachkommen zeugen. Die dann ebenfalls im Laufe der Jahre für die Schandtat ihres Urahns bestraft werden würden. Doch nur unter der Voraussetzung, dass er das Stilett an seine eigene nachfolgende Generation weitergeben würde. Was er nicht tun kann, da er zeugungsunfähig ist.

Das Klingeln des Handys reißt ihn aus seinen Gedanken. Er schüttelt sich kurz, packt das Messer ein und legt es wieder unter den Beifahrersitz. Er ignoriert das Klingeln, startet den Wagen und blickt noch einmal rüber auf die andere Straßenseite.

»Noch zwei Tage!«, sagt er leise. »Rene Borger, du hast noch zwei Tage!«

FÜNFZEHN

Ein Gewerbegebiet in Siegen. Der helle längliche Flachbau – Parker tippt auf Lagerhalle – liegt etwas abgelegen. Eine Tür, daneben ein schmales Fenster. Das Grundstück wird von einer niedrigen, akkurat gestutzten Hecke eingefasst.

Der Detektiv beobachtet aus einer Entfernung von gut fünfzig Metern, wie der Bentley in einer der Haltebuchten direkt neben einem weißen Porsche auf dem ansonsten verwaisten Parkplatz zum Stehen kommt.

Parker schaltet den Motor aus. Sekunden vergehen, in denen nichts passiert.

»Nur die Ruhe!«, flüstert er sich zu, spürt dabei die Nervosität, wie sie sich mehr und mehr in ihm ausbreitet. »Worauf wartest du denn? Steig aus!«

Der Schweiß läuft ihm trotz Klimaanlage die Schläfen herunter.

»Verdammt, nun mach schon! Zeig dich!«

Dann endlich öffnet sich die Fahrertür und mit ihr der Kofferraum.

Parker hält kurz den Atem an.

Sie trägt wieder komplett schwarz, und Parker tippt auf High Heels. Katharina scheint sich sicher zu fühlen, aber auch in Eile zu sein, denn sie schaut sich nicht um, sondern geht sofort zum Wagenende. Dort hievt sie einen großen dunklen Koffer aus dem Bentley, den sie vor sich abstellt.

Beinahe zeitgleich bemerkt Parker, wie sich die Tür der Lagerhalle öffnet, er kann aber niemanden im Halbdunkel erkennen.

Automatisch senkt und verschließt sich der Kofferraumdeckel wieder. Katharina lässt das Gepäck stehen, geht um den Wagen herum und auf die Tür zu.

Auf halbem Weg kommt ihr jemand entgegen. Jemand, den Parker selbst auf hundert Meter erkennen würde.

Parker rutscht tiefer in den Sitz. Die Begrüßung der beiden fällt recht spärlich aus. Katharina schenkt ihrem Sohn bloß ein kurzes Nicken. Sie redet mit ihm und deutet dann mit dem Kopf in Richtung Bentley.

Timo marschiert mit großen Schritten auf den Wagen zu, und bevor er sich bückt, um sich den Koffer zu schnappen, ist Katharina bereits in der Lagerhalle verschwunden.

Schnell geht er zu dem Porsche, schließt ihn auf, setzt sich hinein und lässt die Fronthaube hochfahren. Er hebt das Gepäckstück scheinbar mühelos in die Höhe und verstaut es im Inneren des Sportwagens. Parker beobachtet Timo dabei, wie dieser seinen Rücken durchstreckt und sich dabei nach allen Seiten umschaut.

Sein Blick bleibt an dem BMW hängen, und Parker stockt der Atem. Auch wenn er ziemlich sicher ist, dass Katharinas Sohn ihn aus dieser Entfernung nicht sehen kann, ist ihm doch ziemlich mulmig zumute.

Timo verharrt auf der Stelle, scheint unschlüssig zu sein. Er macht einen Schritt, dann noch einen.

»Scheiße!«, zischt Parker. »Bleib bloß da stehen!«

Und wieder verflucht er sich, dass er seine Waffe im Wandsafe gelassen hat.

Gemächlich schlendert Timo quer über den Parkplatz, die Hände in den Hosentaschen, und hält geradewegs auf Parker zu.

»Du bist ein ausgemachter Trottel, Parker!« Was tun, wenn der Hüne zu ihm herüberkommt?

Wenn er nah genug rankommt, um ihn hinter der Scheibe zu erkennen?

Klar ist, er wird einem wütenden Timo nicht allzu viel entgegensetzen können. Und Timo wird wütend sein. Wenn er tatsächlich der Mörder von Mike ist, hat er keinen Grund, zimperlich mit Parker umzugehen. Es wird ihm gar nichts anderes übrig bleiben, als ihn mundtot zu machen.

Parkers Gedanken überschlagen sich. Die körperliche Anspannung ist so stark, dass seine Arme und Beine anfangen zu zittern, und er ist nicht in der Lage, das Zittern zu kontrollieren.

Er hat nur eine Chance, seine Haut zu retten, auch wenn ihm die mehr als widerstrebt. So dicht am Ziel zu sein und dann ... Aber es nützt nichts.

Er muss hier abhauen! Sofort!

Schon schnellt seine Hand vor, in der Absicht, den BMW zu starten.

Dann, mit einem Mal, bleibt Timo stehen, zieht ein Päckchen aus seiner T-Shirt-Tasche und zündet sich eine Zigarette an. Katharina erscheint an der Tür, ruft etwas und gestikuliert wild mit den Armen.

Schulterzuckend dreht sich Timo um und hält die Zigarette hoch. Ohne sich noch einmal umzuschauen, geht er zurück zur Halle. Parker schließt die Augen – oh wie gerne hätte er jetzt auch so einen Glimmstängel.

Als er die Augen wieder öffnet, sind Katharina und Timo von der Bildfläche verschwunden. Und wenn Parker nicht irrt, ist der Eingang zur Lagerhalle nicht zugezogen worden. Was man als Einladung verstehen könnte. Haben sie ihn bemerkt?

Will er es herausfinden, muss er notgedrungen aussteigen. Bevor jedoch Parker den BMW verlässt, nimmt er erst noch mal einen Schluck aus der Wasserflasche. Wer weiß, wann er das nächste Mal wieder was trinken kann?

Mit dem Handrücken wischt er sich über den Mund und öffnet dann behutsam die Wagentür.

Auch wenn er kaum glaubt, dass sie ihn hören können, so gibt ihm sein lautloses Vorgehen ein besseres Gefühl.

Er drückt die Tür nicht zu, sondern lehnt sie nur an.

In gebückter Haltung rennt er auf den Bentley zu, bleibt auf der Beifahrerseite in der Hocke und wirft einen vorsichtigen Blick über die Motorhaube. Er schätzt die Entfernung auf ungefähr zehn Meter.

Parker horcht angestrengt in die Stille hinein.

Es ist kein Laut zu hören. Nichts deutet darauf hin, dass sich unmittelbar hinter der Türschwelle Menschen befinden. Was Parker vermuten lässt, dass die beiden im hinteren Teil der Halle sind.

Bei allen Gefahren, die höchstwahrscheinlich auf ihn warten, wird er wohl kaum drum herumkommen, sich in die Höhle der Löwin zu wagen.

Für den Bruchteil einer Sekunde schießt ihm die Frage nach der Sinnhaftigkeit seines Unterfangens in den Kopf. Dann läuft er auch schon los.

Mit dem Rücken an der Wand und bemüht, seine Atemgeräusche zu dämpfen, bleibt er in unmittelbarer Nähe zur Tür stehen. Ein kurzer Moment, und er schiebt sich eine Körperbreite vor. Deutlich hört er sein Herz schlagen, spürt das Pochen in den Schläfen und den feuchtkalten Schweiß auf seinem Rücken.

Schlagartig fällt ihm sein Handy ein. Verdammt!

Es ärgert ihn, dass er nicht schon vorher dran gedacht hat. Er hätte es im Wagen lassen sollen! Ein Fehler, der sein letzter hätte sein können. Rasch greift er in die Brusttasche seines Hemds und schaltet es stumm.

Den Kopf in den Nacken gelegt, versucht er sich auf das zu konzentrieren, was er gleich tun wird. Soweit er es vermag, geht er im Geiste jeden Schritt seines Vorhabens durch. Auch wenn er nicht im Einzelnen wissen kann, wie es in der Lagerhalle aussieht und was er dort vorfinden wird, so ist er doch während seiner Ausbildung immer wieder auf solche Szenarien vorbereitet worden. Und auch die Jahre danach, die Erfahrungen im Dienst, haben seine Sinne geschärft. Parker atmet gleichmäßig ein und aus.

Der nächste Schritt und es gibt kein Zurück mehr!

Es kommt auf den richtigen Zeitpunkt an. Aber genau das ist es: Wann ist der richtige Zeitpunkt? Parker entscheidet sich für jetzt!

In geduckter Haltung bewegt er sich vorwärts, schiebt seinen Kopf vor und lugt vorsichtig in das Gebäude hinein. Sonnenlicht fällt durch die großen Deckenglasscheiben und durchflutet die Halle. Bis auf einen Gang ist sie links und rechts vollgestellt mit Paletten, auf denen eingeschweißte Kartons stehen, die sich fast bis zur Decke türmen.

Von Mutter und Sohn ist nichts zu sehen. Parker stellt sich

auf, um seine Sichtposition zu verändern. Im hinteren Bereich der Lagerhalle trennen unverputzte Rigipswände einen Raumteil ab. Darin eine Tür. Sie ist geschlossen. Parker zögert.

Ungünstige Ausgangsposition.

Da die Paletten so eng stehen, gibt es für ihn keine Möglichkeit der Deckung. Wenn er sich auf die Tür zubewegt, so muss er das mit vollem Risiko tun. Und je weiter er sich seinem Ziel nähert, desto länger wird der Weg zurück sein. Er liefert sich quasi auf einem silbernen Tablett frei Haus!

Doch was ist die Alternative? Hat er eine Wahl?

Sicher, er könnte umkehren und Degen anrufen.

Aber was sollte er ihm sagen? An der dürftigen Indizienlage hat sich nichts geändert.

Außer ihn vorzuladen, hat auch Degen keine rechtlichen Möglichkeiten, gegen Timo vorzugehen. Und selbst wenn sein Freund sich zu ihm auf den Weg machen würde – was wäre dann?

Bis er hier ist, wird mindestens eine Stunde vergehen. Timo sitzt dann längst in seinem Porsche in Richtung wohin auch immer.

Nein, er muss das jetzt durchziehen, will er an den entscheidenden Beweis kommen. Parker entschließt sich, die vor ihm liegende Strecke schnell zurückzulegen. In der jetzigen Situation kommt es auch nicht mehr darauf an, ob er dem Gegner in die Arme geht oder läuft. So rennt er auf Zehenspitzen los, geradewegs auf den abgeteilten Bereich zu.

Gut fünf Meter davor stoppt er ab und vernimmt durch die dünnen Wände deutlich die aufgebrachte Stimme Katharinas: »Hier, da hast du deinen neuen Pass! Ich hab ein kleines Vermögen dafür bezahlt. Die beste Arbeit, die du kriegen kannst. Das Geld habe ich dir mit deinen Klamotten in den Koffer gepackt. Das ist das Letzte, was ich für dich getan habe.«

Schweigen.

Dann: »Du hättest mit mir reden sollen, bevor du losgehst und eine solche Schweinerei veranstaltest!«

»Mit dir reden? Was hätte das gebracht? Du warst doch völlig taub und blind! Der Dreckskerl hat dich ausgenutzt. Hat dich nach Strich und Faden verarscht! Erinnere dich, ich hab es dir schon vor Wochen gesagt, dass Mike was mit einem anderen Kerl am Laufen hat. Du hast mir nicht geglaubt! Wolltest mir nicht glauben. Hast dich dieser Schwuchtel noch fester an den Hals geschmissen! Du hast dich aufgeführt wie ...«

»Scheiße, Timo! Was erlaubst du dir? So mit mir zu reden! Es ist mein Leben, und da hat sich niemand einzumischen. Noch nicht einmal mein Sohn! Und mit wem ich irgendwas habe, geht nur mich etwas an. Das ist allein meine Sache!«

»Und das Gerede? Ist das auch deine Sache? Die haben sich doch alle das Maul über dich zerrissen! Alle! Frankie. Der Türke. Und die anderen. Selbst die Jungs haben hinter deinem Rücken ihre Witze gerissen. Und wer musste das alles ausbaden? Wer hat immer wieder dafür gesorgt, dass deine Autorität nicht total den Bach runtergeht?«

»Verflucht noch mal, Timo, das alles gab dir noch lange nicht das Recht, ihn umzubringen!« Parker muss unwillkürlich schlucken. Genau das ist es, was er sich erhofft hatte. Endlich hat er was in der Hand, um Timo ins Gefängnis zu bringen. Er wird unter Eid aussagen, was er hier und jetzt gehört hat.

Nur noch einen kurzen Moment, ein kurzes innerliches Verschnaufen, dann wird er zum Auto zurückkehren und Jo anrufen. Er wird ihm vorschlagen, dass er sich erst mal an Timo dranhängt und dessen Flucht verfolgt, bis die Polizei übernimmt und den Rest erledigt. Sein Freund wird die komplett zur Verfügung stehende Maschinerie anwerfen, Hubschrauber, MEK, SEK und, wenn es sein muss, auch die Kollegen aus den Nachbarländern informieren.

Katharinas Sohn wird nicht weit kommen, da ist sich Parker sicher.

Er wendet sich ab, hört Timo noch laut »Es ist gut, dass dieser Dreckskerl tot ist! Ich würde es immer wieder tun!« brüllen und macht den ersten Schritt Richtung Ausgang.

Da fliegt die Tür auf, und Parker sieht sich plötzlich Aug in Aug einem fassungslos dreinschauenden Timo gegenüberstehen.

»Parker, verdammt, was machst du denn hier?«

Bevor Parker etwas erwidern kann, registriert er aus dem Augenwinkel, wie Katharina die Szene betritt. Unwillkürlich dreht er den Kopf zu ihr hin und sieht den Revolver, den sie in der Hand hält, und wie sie langsam auf ihn zugeht.

»Lou«, sagt sie mit ruhiger Stimme, aber in einem Tonfall, in dem echtes Erstaunen liegt, »bist du verrückt geworden, hier aufzukreuzen?«

Parker hebt die Hände hoch und antwortet: »Du hast mich auf den Fall angesetzt, und ich bring nur das zu Ende, was ich angefangen hab. Du wolltest, dass ich dir Mikes Mörder bringe ...« Parker bricht den angefangenen Satz ab. Das macht keinen Sinn. Hier ist jedes weitere Wort zu viel. Die Lage, in der er sich befindet, spricht eindeutig gegen ihn. Da ist nichts mit Rausreden.

»Tu die Waffe weg«, ruft Timo seiner Mutter zu, »er soll die Arme herunternehmen. Ich will ihm zeigen, dass ich keine Knarre brauche, um ihn fertigzumachen. Darauf warte ich schon seit einer Ewigkeit!«

Parker blickt sich um, doch intensiver an Flucht zu denken lässt Timo nicht zu. Mit einer Wendigkeit, die man einem Zwei-Meter-Mann mit einem solch massigen Körper nicht zutraut, springt Timo auf Parker zu.

Dem ersten Faustangriff kann der Detektiv gerade noch ausweichen. Den zweiten blockt er mit seinem rechten Unterarm ab, und es gelingt ihm, im Gegenzug einen gezielten Schlag in den Bauch seines Gegners zu platzieren, den Timo aber, ohne mit der Wimper zu zucken, einsteckt. Darauf bedacht, sein Gegenüber auf Abstand zu halten, schlägt Parker ein, zwei Gerade und versucht, durch schnelle Beinarbeit so wenig Angriffsfläche zu bieten wie möglich. Zudem erhofft er sich davon, Timo müde zu machen, wenn er so um ihn herumtänzelt. Er muss bloß verhindern, von einem seiner Schläge getroffen zu werden. Und vielleicht kann er selbst ja einen entscheidenden Treffer landen.

Ohne es zu wollen, muss er an Muhammed Alis »*Fly like a butterfly, sting like a bee*« denken. »Verdammt, Parker, bleib doch mal stehen! Du kämpfst ja wie ein Mädchen«, flucht Timo lauthals und wischt sich dabei den Geifer aus dem Mundwinkel.

Parker hört Katharinas Stimme in seinem Rücken, wie sie »Es reicht!« dazwischenruft, was ihn für einen winzigen Augenblick aus dem Konzept bringt. Und Parker weiß bereits Sekunden vor Aufprall des Sidekicks, der seine Brust trifft, hart und kompromisslos, dass der ungleiche Kampf zu Ende ist.

Parker wird mit großer Wucht nach hinten geschleudert, kann sich nicht auf den Füßen halten und auch nicht verhindern, dass er ungebremst gegen einen der aufgestapelten Kartons knallt. Laut stöhnend rutscht er zu Boden. Der stechende Schmerz in seiner Brust raubt ihm beinah das Bewusstsein. Er ringt nach Luft, hat Angst zu ersticken und wird von einer plötzlichen Hustenattacke gepeinigt.

»Komm hoch, du Penner.«

Parker hebt den Kopf etwas an. Sein verschwommener Blick nimmt die kräftige Gestalt wahr, wie sie breitbeinig vor ihm steht und mit einem höhnischen Grinsen auf ihn herabschaut.

»Na komm schon! Du willst doch jetzt nicht aufhören! Es fängt doch gerade erst an, Spaß zu machen! Steh auf, Parker! Ich hab hier noch was für …«

»Schluss jetzt!«

Scharf unterbricht Katharinas Stimme Timos verbale Drohgebärde. Er lässt die Fäuste sinken, geht drei Schritte zurück und bleibt mit verschränkten Armen an der Rigipswand stehen. Ohne ihn aus den Augen zu lassen, drückt sich Parker in die Höhe. Auf Timos Lippen klebt ein schmales Lächeln.

Katharina, die sich den Revolver mittlerweile in den Hosenbund gesteckt hat, tritt nun an Parker heran, der sein Kinn hebt, sie anschaut und geräuschvoll einatmet.

Er wird sich ihr nicht als Opfer präsentieren. Diese Genugtuung gönnt er Timo nicht.

»Du hast Mut!«, beginnt Katharina. »Mir zu folgen und dann noch an der Tür zu lauschen – tzz! Respekt, Lou!«

Sie dreht sich unvermittelt zu Timo um: »Da kannst du

mal sehen, was der gute Lou so draufhat: marschiert hier ohne Waffen und Verstärkung rein ...«

Abrupt wendet sie sich wieder Parker zu. »Du bist doch unbewaffnet und alleine hier, oder?« Sie schaut ihn prüfend an, und Parker lächelt gnädig und nickt.

Katharina hebt die Arme.

»Na, was hab ich gesagt: Auf Lou ist Verlass! Ein wahrer Held, und das meine ich vollkommen ernst. So einer vom alten Schlag, die ich so liebe, die man heute kaum noch findet. Dabei ist er noch so jung.«

In ihrem Blick liegt belustigte Anerkennung.

»Und wo hast du dein Auto gelassen? Die kleine rote Reisschüssel wäre mir doch aufgefallen?«

»Hab ich verkauft«, lügt Parker. »Ich hab mir von deinem Geld ein neues zugelegt. Ein richtiges Auto! Hast du mir doch immer zu geraten!«

Ein süffisantes Lächeln legt sich auf Katharinas Mund.

»Sehr schön, Lou! Es freut mich, dass du auf meinen Rat hörst.« Sie geht noch einen Schritt auf Parker zu, bleibt eine Handbreit vor ihm stehen und fragt mit gekräuselter Stirn: »Nur hab ich jetzt ein Problem: Was mach ich nun mit dir?«

SECHZEHN

Sie legt den Kopf zur Seite und sieht ihn mit einer Mischung aus Ratlosigkeit, Bedauern und Nachdenklichkeit an. Parker, dem sehr klar bewusst ist, in welcher Lage er sich befindet, macht den Rücken trotz Schmerzen grade.

Oh nein, er wird seinen Blick auf keinen Fall in Demut senken und antwortet betont leichthin: »Ach, Katharina, für diese Art von Problemlösung hast du doch deinen willfährigen Sohn. Du musst dir doch selber schon lange nicht mehr die Finger schmutzig machen!«

Kaum dass Parker seinen Satz beendet hat, schießt Timo auch schon auf ihn zu.

»Das kann ich gerne hier und sofort erledigen!«

Katharina fährt den Arm aus und hält ihren Sohn davon ab, sich auf Parker zu stürzen. »Warum schützt du den Dreckskerl?«, schäumt Timo wütend. »Weshalb lässt du dir das alles von ihm gefallen?«

»Weil ich nachdenken muss. Und weil ich es hasse, wenn du etwas gegen meinen Willen tust!«

Parker lacht auf.

»Ha, da hat er ja mittlerweile Übung drin. Drei Morde innerhalb von vier Tagen nenn ich mal 'ne reife Leistung! Und das alles soll er ohne dein Wissen getan haben? Ich bitte dich! Wem willst du das denn verkaufen? Ist er denn überhaupt fähig, ohne deine Anweisung irgendetwas zu tun?«, fragt Parker im schneidenden Tonfall, mit der Absicht, Katharina zu provozieren.

»Mit den Morden in Deutz und Siegburg hat Timo nichts zu tun!«

»Ach, und das soll ich dir glauben?«

Katharina schaut Parker einen kurzen Moment lang entgeistert an. Dann schiebt sie sich eine Haarsträhne hinters Ohr und antwortet tonlos: »Lou, mir geht es so was von am Arsch vorbei, ob du mir das nun glaubst oder nicht. Ich hab keine Ahnung, was du mit deiner großen Klappe und deiner dämlichen Fragerei beabsichtigst, es ist mir auch egal, Fakt ist – und solltest du es noch nicht mitbekommen haben, dann hör jetzt gut zu –, dass du weiß Gott nicht in der Situation bist, hier Sprüche zu klopfen! Und ich befürchte fast«, Katharina hält kurz inne und verengt die Augen, »dass du in absehbarer Zukunft überhaupt keine Fragen mehr irgendjemandem stellen kannst! Was ich persönlich als äußerst bedauerlich empfinde!«

Wieder macht sie eine kleine Pause, in der sie so tut, als wolle sie sich an was erinnern. Sie klopft sich mit dem ausgestreckten Zeigefinger gegen die Schläfe. Ein-, zweimal.

Dann verzieht sie ihren rot geschminkten Mund zu einem Lächeln, so als ob ihr das Entfallene gerade wieder in den Sinn kommt. Aus ihrem Hosenbund zieht sie den Revolver und streicht mit dem Lauf wie beiläufig über Parkers Brust.

»Deine süße kleine Freundin wird dich vermissen! Wie heißt sie noch gleich? Ach ja: Alexandra!«

Katharina dreht sich von Parker weg und herrscht ihren Sohn an: »Los, hol ein paar Seile aus dem Büro und dann verschnür mir den Kerl zu einem Paket. Es sollte gut in meinen Kofferraum passen. Wir werden ihn an einem geeigneten Platz entsorgen! Aber bevor du ihn fesselst, durchsuch seine Taschen nach einem Autoschlüssel. Er wird mir wohl kaum zu Fuß von Köln bis hierher gefolgt sein. Ich will, dass du den Wagen findest, und zwar schnell! Wir haben nicht endlos Zeit!«

Unauffällig klopft Parker mit der Hand gegen seine rechte Brust. Das Handy ist nicht mehr da!

»Warum so viel Arbeit machen?«, protestiert Timo. »Ich bring ihn gleich hier um, grab ein Loch hinter der Halle und schmeiß ihn rein. Weshalb noch großartig fesseln und durch die Gegend fahren?«

Parker lässt den Kopf sinken, blickt zu Boden und entdeckt das Telefon. Es liegt unmittelbar hinter ihm. Es muss während des Sturzes aus seiner Hemdtasche gefallen sein. Vorsichtig schiebt er das Mobiltelefon mit dem Fuß unter die Palette.

»Weil ich keine Spuren hinterlassen will! Weder in noch außerhalb der Halle«, antwortet Katharina. »Denn wenn die

Polizei hier auftaucht, und damit müssen wir rechnen, werden sie den Laden auf links drehen, und verlass dich drauf, sie werden was finden! Also mach, hol die Seile und dann durchsuch ihn!«

Timo verzieht das Gesicht, dreht sich wortlos um und verschwindet durch die Tür.

»Schade«, sagt Katharina, und in ihrem Blick liest Parker echtes Bedauern, »schade, dass es so kommen musste! Ich tue das nicht gerne, Lou. Du weißt das! Und du weißt, dass ich dich mag.«

»Dann lass es!«

Als Parker ihr Stirnrunzeln sieht, erklärt er weiter: »Niemand kann dich dazu zwingen, mich umzubringen! Sperr mich ein! Meinetwegen fessle mich und lass mich hier liegen! Bis ich die Polizei verständigt habe, bis die hier sind, habt ihr euch doch schon längst abgesetzt. Das ist doch gar kein Problem für dich! Du mit deinem Geld und deinem Einfluss!«

Für einen Augenblick herrscht Schweigen zwischen ihnen, und Parker glaubt schon, er habe sie überzeugt. Katharina senkt den Blick, zögert die Antwort hinaus, scheint mit sich zu hadern. Dann schaut sie auf.

»Ehrlich, Lou«, beginnt sie stockend, »ich habe mir von dir etwas mehr Loyalität erhofft. Ich hab dir damals den Arsch gerettet«, sie macht eine wegwerfende Handbewegung, »nein, ich will keinen Dank dafür, aber ich erwarte ... ich hätte erwartet, dass du zu mir kommst. Doch was tust du? Rufst mich an! Provozierst mich! Stellst mir eine Falle, verfolgst mich! Verdammt, Lou, das tut man unter Freunden nicht. Du hättest mit mir reden sollen! Offen und geradeaus.«

»Hätte es etwas an der Situation geändert?«

Katharina zuckt mit den Schultern, und Parker beobachtet genau, wie sie die Antwort darauf formuliert.

»Es wäre für mich der Beweis gewesen, dass du ein Freund bist.«

»Du sprichst von Freundschaft? Von offen und geradeaus? Erinnere dich bitte, du hast mich engagiert, Mikes Mörder zu finden. Ich habe mich an die Arbeit gemacht. Habe mir eins über den Schädel geben lassen. Und was machst du? Du zahlst mich aus und erklärst den Fall für erledigt. *Du* warst es, die die Wahrheit verschwiegen hat.«

»Ja, ich habe dich engagiert, den Mörder von Mike zu finden – verdammt, da wusste ich noch nicht, dass mein eigener Sohn ...«

»Was gibt das hier?« Timo steht mit einem Knäuel von Seilen in der Hand im Türrahmen. »Liegt ihr euch gleich in den Armen, oder was?«

Katharina wirbelt herum.

»Sei still«, fährt sie ihn an, um sich sofort wieder Parker zuzuwenden. »Lou, es tut mir unendlich leid, glaube mir. Doch ich kann dich unmöglich am Leben lassen. Er ist mein Sohn! Und ja, er hat echt Scheiße gebaut, aber er ist und bleibt mein Sohn. Du wirst sagen, was du gehört hast, und deine Aussage wird ihn für viele Jahre hinter Gittern bringen. Und selbst wenn wir dich hier einsperren, sie werden kommen und dich befreien. Dann werden sie ihn jagen, bis ans Ende der Welt, und sie werden ihn eines schönen Tages kriegen, lebendig oder tot – eben weil sie deine Aussage haben. Nee, Lou, bei aller Freundschaft, die uns verbindet, werde ich diesen Preis nicht zahlen. Blut ist dicker als Wasser.«

Damit ist für Katharina das Gespräch beendet.

An ihren Sohn gewandt sagt sie knapp: »Durchsuch ihn!«

»Das können wir beide uns schenken«, sagt Parker, zieht den Autoschlüssel aus seiner Hosentasche und schwenkt ihn vor Timos Gesicht hin und her. »Du kannst deine Finger bei dir behalten.«

Timo verzieht keine Miene, hält die offene Hand hin und stöhnt gelangweilt: »Gib her, dann muss ich dir auch nicht wehtun!«

Sein Gehirn sucht fieberhaft nach einem Ausweg: Wie nur kann er aus dieser Situation ansatzweise gesund herauskommen? Im Geiste sieht Parker sich, wie er Timo blitzschnell seine Rechte ins Gesicht schlägt. Das würde den Kerl überraschen und vielleicht sogar für einen Moment ausschalten. Wenn da nur nicht Katharinas Revolver wäre. Sie würde schießen, keine Frage! Der starr auf ihn gerichtete Blick ihres Sohnes und sein »Na, was ist jetzt?« lässt den Schlüssel beinah wie von selbst in Timos Hand fallen, was der mit einem selbstgefälligen Knurren quittiert.

»Und deine Karre ist der BMW von gegenüber, stimmt's?«
In seiner Stimme liegt unverhohlener Spott. Parker hebt die Achseln.

»Hey, Großer, warum fragst du, wenn du es schon weißt? Ach, ich vergaß: Du brauchst ja in allem, was du denkst und tust, eine Bestätigung. So hat Mama dich erzogen!«

Katharina tritt an ihren Sohn heran und packt ihn am Arm.

»Lass dich von ihm nicht provozieren!«, sagt sie und wirft Parker einen missbilligenden Blick zu. »Er sucht nur nach einer Möglichkeit, hier mit heiler Haut rauszukommen. Aber wir haben alles unter Kontrolle! Er hat keine Chance! Gib mir den Schüssel, ich werde zu dem Wagen gehen und nachschauen, ob es seiner ist. Du kannst ihn in der Zwischenzeit umgarnen – aber schön fest!«

Und zu Parker gewandt ruft sie: »Lou, das magst du doch, oder?«

Parker lächelt schief.

»Du irrst – ich steh nicht so auf Fesselspiele!«

Katharina zuckt mit den Schultern.

»Schade«, antwortet sie flüchtig und geht den Gang entlang zum Ausgang. Parker schaut ihr hinterher, bis sie die Halle verlässt und aus seinem Blickfeld verschwindet.

»Na dann wollen wir mal!«

Timo kommt breit grinsend auf Parker zu.

»Wenn du willst, so wehr dich ruhig! Du würdest mir damit sogar einen Gefallen tun! Es wär mir ein echtes Vergnügen. Das eben war ja bloß ein viel zu kurzes Geplänkel, um von Spaß reden zu können.«

Parker hebt die Hände vor die Brust und antwortet: »Lass mal gut sein! Wir beide haben da, glaube ich, eine total unterschiedliche Auffassung von Spaß.«

Er hält kurz inne und fügt hinzu: »Aber du kannst mir, bevor du loslegst, eine Zigarette spendieren.«

Verächtlich starrt Timo ihn an.

»Warum sollte ich das tun?«

»Nun ...« Parker kratzt sich am Hinterkopf, schaut an Timo vorbei und erklärt gedehnt: »Weil dem Delinquent sein letzter Wunsch nie abgeschlagen werden darf!«

Etwas Schlaueres ist Parker auf die Schnelle nicht eingefallen, auch wenn er sich mit der Antwort Zeit gelassen hat. Zeit, ja genau das ist es, was er hier herausholen muss.

»Verreck dran!«, lacht Katharinas Sohn und hält ihm die Schachtel hin, bevor er sich selbst eine nimmt.

»Besten Dank!«

Parker zieht ein Stäbchen heraus und lässt es sich von Timo in Brand setzen.

»Mensch, Parker, du bist echt ein Mädchen!«

Amüsiert schüttelt der Mann den Kopf.

»Erst das Mädchenauto, dann dein Mädchenkampfstil, und jetzt rauchst du auch noch wie ein Mädchen! Ich fass es nicht!«

Parker unterdrückt einen Hustenanfall.

»Ich hab mir den Scheiß vor Jahren abgewöhnt«, keucht er, »wenn ich jetzt auf Lunge rauche, kotz ich.«

»Na, dann lass das mal schön bleiben.«

Schweigend stehen sich die beiden Männer gegenüber und rauchen.

»Was ist das eigentlich für ein Gefühl, von Geburt an der verschwiegene Sohn von Katharina zu sein?«

Parkers Frage trifft ihn offenbar völlig überraschend, denn Timo glotzt den Detektiv einen Augenblick lang verdattert an. Dann lächelt er, jedoch keineswegs freundlich.

»Ich denke, die Kippenpause ist damit beendet!«

Demonstrativ lässt er seine halb gerauchte Zigarette fallen, tritt sie beinah beiläufig aus und macht einen Schritt auf Parker zu, der seine Zigarette ebenfalls fallen lässt.

»Katharina braucht ganz schön lange, um nach dem Wagen zu gucken, findest du nicht?«, beeilt sich Parker zu sagen, bevor Timo das erste Seil über seiner Brust verschnürt. Er lässt Parkers Einwand unkommentiert und zieht stattdessen die Schnur fest. Dem Detektiv bleibt für einen Moment die Luft weg.

»Sachte«, japst er, »wenn du mich weiterhin so malträtierst, verliere ich noch mein Bewusstsein und kippe dir hier weg. Dann musst du mich zum Kofferraum tragen ... Achtzig Kilo Lebendgewicht dürften auch für dich keine Kleinigkeit sein! Überleg's dir ...«

»Du gehst mir mit deinem Gelaber ganz schön auf den Sack«, blafft Timo, während er Anstalten macht, sich nach einem zweiten Seil zu bücken. Als er wieder hochkommt, hält er inne. Verharrt für eine Weile auf der Stelle. Schließlich geht er vorsichtig ein Stück den Gang hoch und bleibt dann stehen.

»Katharina?«

Keine Antwort.

Er schmeißt die Schnur hin und fährt sich mit der Hand über die Stirn.

»Verfluchter Dreck«, flüstert er, »da stimmt doch was nicht!«

Langsam dreht er sich zu Parker um. Seine Züge sind erstarrt.

»Was geht da draußen vor?«

Seine Stimme zittert. Von einem Moment zum anderen wirkt Timo fassungslos. Unsicher. Nichts ist geblieben von seiner zur Schau getragenen Überheblichkeit, als er fragt: »Sind das deine Bullenfreunde?«

Der Detektiv hat die Geräusche ebenfalls gehört – Geräusche, die nach Bewegungen klingen. Nach Schritten. Nach vielen Schritten. Schritten, die näher kommen. Geräusche, die nach leisem Laufen klingen. Und bei genauem Hinhorchen hört man geflüsterte Anweisungen. Parker kennt das alles. Kann sich die Szene, die sich gerade unmittelbar vor der Halle abspielt, nur zu gut vorstellen. Schweigend beobachtet er jede Regung in Timos Gesicht, der sich, sichtlich verblüfft von dem jähen Ende all seiner Fluchtpläne, die Haare rauft.

»Das sind doch deine Bullenfreunde«, keucht er wie von Sinnen, »hab ich recht?«

In seinen Augen erkennt Parker schmerzliche Resignation, und Parker nickt ihm zu.

»Ja, Timo, du hast du recht, das sind meine Bullenfreunde. Und es sind viele! Und sie sind bis an die Zähne bewaffnet. Und sie haben zudem noch ihre Scharfschützen mitgebracht. Da draußen formiert sich genau jetzt eine kleine Armee. Und die sind alle nur wegen *dir* hier.«

»Dreck!«, brüllt Timo Parker entgegen. »Und was soll ich jetzt machen?«

»Du solltest mich jetzt schnellstens von diesem Strick befreien, und dann gehen wir beide Hand in Hand vor die Tür.«

»*Was* soll ich tun?« Timos Stimme überschlägt sich. »Mit dir händchenhaltend vor die Tür gehen? Vor der versammelten Mannschaft da draußen? Sollen die mich für schwul halten?«

»Und was wäre daran so schlimm?«

»Was?«

»Vergiss es!«

Timo stürmt auf Parker zu und funkelt ihn wütend an.

»Sag schon! Was soll das mit dem Händchenhalten?«

»Es bedeutet so viel wie, dass du harmlos bist. Dass von dir keine Gefahr ausgeht. Und«, Parker wechselt in einen vertraulicheren Ton, »es hält die Scharfschützen davon ab, dir eine Kugel in den Kopf zu jagen.«

Timo schaut dem Detektiv forschend ins Gesicht.

»Ich trau dir nicht«, sagt er, und Parker bemerkt die Andeutung eines Lächelns über Timos Gesicht huschen, doch seine Lippen sind zu dünn, als dass es sich darauf hätte zeigen können. Erstaunlich schnell greift sich Timo in die Gesäßtasche, zieht ein Schnappmesser hervor, lässt es aufspringen und hält es Parker mit der Spitze an den Hals. Der Detektiv fährt zusammen und spürt sofort, wie das Messer seine Haut leicht einritzt. »Hey, verflucht, lass den Scheiß«, schreit er auf. »Bist du jetzt völlig …«

Er lässt den Satz in der Luft hängen, muss an Mike denken, an das Messer in Timos Faust – die Tatwaffe.

»Halt die Klappe«, herrscht ihn Timo an.

»Wir spielen das Spiel jetzt nach meinen Regeln, und wenn du es mitspielst, wirst du vielleicht heute Abend in deinem Bett schlafen können. Solltest du aber versuchen, irgendeine linke Tour mit mir abzuziehen, töte ich dich! Hast du das verstanden?«

Parker weiß, dass die eine Option keine ist, dennoch antwortet er: »Ja, habe ich! Aber auch, wenn es dir missfällt – du kommst aus der Nummer hier nicht mehr lebend raus, wenn du dich nicht ergibst! Die Jungs vor der Tür werden mit Sicherheit gleich von der Kette gelassen, und dann wird die Luft für uns beide extrem dünn.«

Timo nickt grimmig.

»Deshalb wirst du jetzt auch telefonieren.«

Er nimmt das Messer runter und holt sein Handy aus der Hosentasche.

»Nenn mir die Telefonnummer von einem deiner Freunde da draußen, und erzähl mir nicht, dir würde keine einfallen. Die sind dir doch gefolgt oder haben dein Telefon geortet. Das alles hier ist kein Zufall!« Timo schaut Parker ununterbrochen in die Augen und fährt fort: »Ich werde wählen und dir den Hörer an deinen Mund halten. Du sagst denen, dass, sollte sich einer von ihnen in der Halle zeigen, du auf der Stelle von mir getötet wirst. Des Weiteren will ich, dass die den Bentley mit der Fahrerseite direkt vor die Tür stellen. Und Katharina soll im Wagen sitzen.«

»Und du glaubst, die lassen dich so einfach wegfahren? Mensch, begreif doch, du hast keine Chance!«

»Quatsch nicht so einen Müll!«, antwortet Timo, ohne zu zögern. »Du weißt ganz genau, dass der Bentley rundum gepanzert ist, die Fenster kugelsicheres Glas haben und auch die Reifen eine Sicherheitsummantelung besitzen. Das ist kein Auto. Das ist eine Rüstung auf vier Rädern! Damit hält mich niemand auf. Damit rase ich durch jede verschissene Polizeisperre! Verschon mich also mit deiner Prognose, ich hätte keine Chance!«

Natürlich weiß Parker von Katharinas Panzerwagen. Sie hat eine Menge Geld in den Bentley gesteckt und ihn umbauen lassen. Dabei stand kein geringerer als der Titan-Cadillac des amerikanischen Präsidenten Pate.

Es wird trotzdem nicht funktionieren, denkt Parker. Er hat ein ungutes Gefühl. Ja, keine Frage, er will Timo in Handschellen sehen, aber seinen Tod will er auf gar keinen Fall. Es ist Katharinas Sohn, und ob er es sich hier und jetzt zugestehen möchte oder nicht: Er mag Katharina.

»Was ist jetzt?«

Die ungeduldige Stimme Timos reißt ihn aus seinen Gedanken. »Ich höre!«

Parker nickt resignierend und gibt ihm Degens Nummer. Bereits nach dem zweiten Freizeichen wird am anderen Ende abgenommen.

»Degen.«

»Jo, ich bin's!«

Ohne Umschweife und in knappen Worten teilt der Detektiv seinem Freund die Forderung Timos mit. Degen, der schweigend zugehört hat, antwortet schließlich: »Sag ihm, er soll ruhig bleiben, wir werden all seinen Forderungen entsprechen. Will er mit mir reden?«

Stumm schüttelt der Hüne den Kopf.

»Nein, will er nicht! Eins noch«, Parker nickt seinem Gegenüber zu, »er hat nur ein Messer, keine Schuss...«

Weiter kommt er nicht. Timo legt auf und verstaut das Handy wieder in seiner Tasche.

»Was sollte das mit dem Messer?«

Parker lässt die Frage unbeantwortet im Raum stehen. Stattdessen stöhnt er auf.

»Jetzt kannst du mir auch einen Gefallen tun und mich wieder von dem Seil befreien! Du hast es viel zu eng geschnürt, ich krieg kaum Luft!«

Ohne auf seinen Protest einzugehen, legt Timo ihm seine Pranke auf die Schulter und zieht ihn zu sich heran.

»Wir gehen jetzt«, sagt er beinah sanft, aber bestimmend, während seine rechte Faust, die nach wie vor das Messer fest umschlossen hält, hochschnellt und sich wieder an Parkers Hals legt.

Auf Parkers fragenden Blick antwortet Timo: »Keine Angst, das ist bloß eine Vorsichtsmaßnahme. Nur für den Fall, dass deine Freunde glauben, sich nicht an die Abmachungen halten zu müssen.«

SIEBZEHN

Langsam gehen sie auf den Ausgang zu, Parker voran, Timo dicht dahinter. Jeder einzelne Schritt fällt Parker unendlich schwer, so als habe er Bleigewichte an den Füßen. Und er kommt sich vor, als würde man ihn geradewegs zur Schlachtbank führen. Es sind vielleicht noch zehn Meter bis zur Tür, und von einem Bentley ist noch nichts zu sehen.

»Verdammt«, zischt Timo hinter ihm und spricht das aus, was Parker denkt, »wie lange brauchen die denn?«

Parker hat keine Ahnung, welche Strategie sein Freund verfolgt, kann sich aber kaum vorstellen, dass er auf Timos Forderungen eingehen wird – zumindest nicht uneingeschränkt. Eventuell wird er den Wagen bereitstellen, doch ob da Katharina drinsitzt, bezweifelt Parker.

Nein, Degen und seine Leute werden Timo und Katharina nicht vom Gelände lassen, davon ist Parker überzeugt. Das Risiko, das eine Verfolgung über die Autobahn mit sich bringen würde, ist unkalkulierbar, und daher wird niemand da draußen darauf eingehen.

Parker hofft nur inständig, dass man nicht auf sie schießen wird.

So oder so muss sich Parker gedanklich auf mehrere mögliche Abläufe einstellen. Dass er gefesselt ist, seine Arme und Hände nicht einsetzen kann, bereitet ihm zusätzliche Kopfschmerzen.

Jetzt sind es höchstens noch fünf Meter, die sie vom Ausgang trennen. Timos Handgriff auf Parkers Schulter wird fester und bedeutet ihm, stehen zu bleiben. Fast zeitgleich dringen von draußen trockene Motorengeräusche in die Halle, und die silbergraue Luxuskarosse schiebt sich mit der langen Schnauze voran vor die Tür: Sie hält exakt so, wie es Timo gefordert hat. Der geht ein Stück weiter vor und dreht seinen Kopf zu Parker.

»Siehst du, wie die spuren, wenn es um dich geht!«

Irgendetwas in Timos Gesicht will nicht so recht zu seinem

Grinsen passen, schießt es Parker durch den Kopf. Ist er wirklich von seinem Plan überzeugt? Aber was bleibt ihm übrig? Welche Alternative hat er? Er bräuchte eine Alternative, die es ihm erlaubt, mit erhobenem Kopf aus der Sache herauszukommen!

Plötzlich ist sie greifbar – die Stille, die sich erst schleichend und nun machtvoll in der Halle ausbreitet, die sich schwer auf Parkers Stimmung legt und seine Gedanken lähmt. Greifbar auch die spürbare Anspannung, die von Timo ausgeht, der jetzt einen unbeholfenen Schritt zurück macht, um Parker direkt in die Augen sehen zu können.

»Du glaubst nicht dran«, sagt er. Seine Stimme klingt rau.

Eine Weile bleibt er so vor Parker stehen, der ihm regungslos eine Antwort schuldig bleibt.

Timo senkt den Blick und schüttelt langsam den Kopf.

»Nein, du glaubst nicht dran!«

Er klappt geistesabwesend sein Messer ein, um es in seiner Hosentasche verschwinden zu lassen. Wie apathisch wendet er sich von Parker ab, lässt ihn stehen und geht mit steifen Schritten auf das geparkte Fahrzeug zu. Als die Wagentür auffliegt, hört sich Parker heiser schreien: »Nicht schießen! Er ist unbewaffnet!«

***

Seine Fesseln hat man ihm abgenommen, und nun hockt Parker, die Beine nach draußen auf den Boden gestellt, auf dem Beifahrersitz des BMWs. Mit angespanntem Gesichtsausdruck beobachtet er, wie Katharinas Sohn in Handschellen von zwei vermummten SEK-Beamten in einen der blau-grauen Mannschaftswagen gesetzt wird. Parker ist froh darüber, dass Timo sich ohne jede Gegenwehr überwältigen und abführen lassen hat. Kein Schuss ist gefallen. Niemand wurde verletzt.

Bevor sich die Schiebetür des Sprinters schließt, wirft Timo ihm noch einen raschen Blick zu. In diesem kurzen Moment glaubt Parker, in dem schmalen Lächeln so etwas wie Dankbarkeit zu lesen. Unbewusst hebt der Detektiv die Hand und blickt dem davonfahrenden Wagen nach.

»Hier, bitte, Ihr Handy und ein Kaffee!«
Parker schaut ob der plötzlichen Ansprache erschrocken auf. Er hat den Beamten, der seitlich an ihn herangetreten ist, nicht wahrgenommen. Jetzt erkennt er in dem freundlich-besorgten Gesicht Robert Thannhäuser, den neuen Mitarbeiter Degens.

»Ah, wie schön, dass Sie es gefunden haben. Danke, das ist sehr nett«, antwortet Parker, dabei erhebt er sich und setzt eine erleichterte Miene auf. Mit einem Lächeln nimmt er sein Telefon entgegen.

»Aber auf den Kaffee verzichte ich – hatte heute schon meine zwei Tassen. Mehr trinke ich an einem Tag nicht.«

»Na, dann nehme ich ihn«, sagt der Polizist und führt den Pappbecher an seine Lippen.

»Wie geht es Ihnen?«, erkundigt er sich, nachdem er einen Schluck Kaffee genommen hat. Parker zuckt mit den Schultern, schaut auf den Boden, wo seine rechte Fußspitze über den Kies scharrt und antwortet widerstrebend: »So weit, gut!«

Es ist ihm unangenehm, mit einem Fremden über seine momentane Gefühlsverfassung zu sprechen. Er ist noch viel zu aufgewühlt, zu durcheinander, um die passenden Worte zu finden. Noch ist die Anspannung, die Angst nicht vollständig von ihm abgefallen. Zudem fehlt ihm jegliches Zeitgefühl. Er kann nicht sagen, wie lange er in der Halle gefangen gewesen war. Auch wenn die Uhr Viertel vor zwei zeigt, so fällt es ihm dennoch schwer, die Stunden, die vergangen sind, zurückzurechnen.

Parker starrt auf das Handy in seiner Hand.

»Hat vermutlich Ihr Leben gerettet.«

»Mhm.«

Parker schaut hoch und bemerkt den sorgenvollen Ausdruck in Thannhäusers Gesicht.

»Was ist mit Katharina?«, fragt er, auch um von sich abzulenken.

Thannhäuser hebt die Augenbrauen und antwortet: »Frau Katharina Gemma ist bereits auf dem Weg nach Köln.«

»Und genau dahin fahren wir jetzt auch!«

Die Stimme Degens empfindet Parker fast wie eine Befreiung. Die zweite an diesem Tag. »Ich fahre mit Herrn Parker zum Präsidium«, hört der Detektiv seinen Freund förmlich zu Thannhäuser sagen, »und Sie warten bitte noch auf die Kollegen der Spurensicherung und sorgen, wenn die hier fertig sind, für einen geordneten Abzug.«

Kurze Zeit später sitzen die beiden Freunde nebeneinander im Wagen und verlassen das Gewerbegebiet in Richtung Autobahn. Degen fährt.

Er wirft Parker einen schrägen Blick zu und brummt: »Na wenigstens hast du auf mein Auto achtgegeben.«

Der Kommissar beobachtet seinen Freund, wie er den Kopf in den Nacken legt und dabei die Augen schließt.

»Sie hat sich immer noch nicht gemeldet«, dringt es aus Parkers halb geschlossenem Mund.

»Wie bitte?«

Degen ist sich nicht sicher, ob er ihn richtig verstanden hat. Parker stöhnt auf, öffnet die Augen und schaut Degen von der Seite an.

»Egal«, antwortet er und richtet seinen Blick nach vorn. »Ist unwichtig!«

»Nee, komm, sag schon! Du hast genuschelt – ich hab's nicht richtig verstanden!«

»Timo hat Mike umgebracht, er hat aber nichts mit den anderen Morden zu tun. Es ist so, wie wir vermutet haben: Er hat den Ritualmord nur vorgetäuscht. Er wollte die Ehre seiner Mutter retten, und wahrscheinlich kam auch noch Eifersucht hinzu.«

»Eifersucht?«

»Ja, er fand das wohl nicht so toll, dass Katharina einen so jungen Geliebten hatte.«

Parker kann ein Gähnen nicht unterdrücken. So allmählich spürt er, wie die Anspannung von ihm abfällt und von einer großen Mattheit abgelöst wird. Er vergräbt für einen Moment sein Gesicht in beiden Händen und fährt dann fort: »Wir haben einen Mörder, ja! Doch der andere, ein zweifacher Mörder, läuft noch frei herum. Das ist eine tickende Zeitbombe und ein komplett anderes Kaliber, als Timo es ist. Und er kann jederzeit zuschlagen. Rene Borger wird definitiv sein nächstes Opfer sein. Jo, Borger schwebt in Lebensgefahr. Du musst unbedingt einen deiner Beamten abstellen, der ...«

Degen hebt beschwichtigend die Hand vom Lenkrad.

»Beruhige dich, Lou! Ich hab bereits seit zwei Tagen zwei meiner Leute im Wechsel vor Ort. Sie beobachten zwar nicht rund um die Uhr das Fahrgeschäft der Borgers, dafür fehlt mir schlicht und ergreifend das Personal, aber sie sind immerhin für insgesamt vier Stunden am Tag dort.«

»Und zu welchen Zeiten?«

»Mittags von elf bis eins, und abends von zwanzig bis zweiundzwanzig Uhr.«

»Das reicht nicht«, entfährt es Parker. »Dieser Psychopath hat noch genau heute und morgen, um Rene Borger umzubringen, denn so lange geht die Kirmes noch. Und er wird es in unmittelbarer Nähe zum Autoscooter tun. Höchstwahrscheinlich muss er es sogar da tun. Glaub mir, Jo, er kann sich diese Gelegenheit nicht entgehen lassen! Er handelt zwanghaft, davon bin ich überzeugt. Daher wird er auch ein weiteres Mal in Deutz zuschlagen.«

Parker hat dem Kommissar während seines Redeflusses unentwegt ins Gesicht geschaut und bemerkt jetzt, wie dieser die Stirn runzelt.

»Ja, Lou«, antwortet Degen, »ich hab verstanden, und ich werde mein Möglichstes tun.«

Er schaut flüchtig zu Parker rüber und fügt in gedämpftem Tonfall hinzu: »Jetzt fahren wir erst mal ins Präsidium, du machst deine Aussage, und danach bewegst du dich auf dem schnellsten Weg nach Hause. Du gehörst ins Bett. Du siehst hundsmiserabel aus. Und morgen Abend gehen wir auf ein Bier ins ›Anno Pief‹! Da kannst du mir endlich mehr von deiner neuen Freundin erzählen.«

»Und was ist mit Borger?«

»Hab ich gesagt, kümmere ich mich drum. Sobald ich im Büro bin, werde ich anordnen, die Observation zeitlich auszuweiten. Es wird zwar einiges an Überredungskunst nötig sein, immerhin haben die Jungs sowieso schon über hundert Überstunden, aber ich werde sie mit einem Abendessen in einer Lokalität ihrer Wahl bestechen. Zufrieden?«

»Zufrieden«, antwortet Parker, streckt seine Beine aus und schließt die Augen.

***

Sein müder Blick sucht zum dritten Mal in dieser Nacht den Radiowecker. Das Rot der Leuchtziffern schleudert ihm die Uhrzeit geradezu schmerzhaft entgegen: kurz vor vier. Verdammt, dabei ist er doch völlig erledigt!

Alles in ihm sehnt sich nach einem traumlosen Schlaf. Er hat ihn so bitter nötig! Der vergangene Tag hat Kraft gekostet. Hat Spuren hinterlassen – tief in ihm!

Dieser eine Gedanke geht ihm einfach nicht mehr aus dem Kopf! Treibt ihn um!

Dieser bohrende Gedanke, der brutal immer und immer wieder die gleiche Frage stellt! Der sich weder verdrängen noch vertrösten lässt. Dieser Gedanke, der ihn quält! Könnte er doch nur für eine Weile abschalten. Ruhe finden. Zu sich finden.

Er bräuchte gar nicht lange, um wieder vollkommen auf die Beine zu kommen. Aber es hat keinen Sinn. Er dreht sich schon seit Stunden von der einen auf die andere Seite, und er schwitzt, und seine Kehle ist wie ausgedörrt – Durst, er muss dringend etwas trinken. Ein wenig ungelenk klettert er aus dem Bett.

Fahles Mondlicht fällt durch einen Spalt im Vorhang ins Schlafzimmer und verteilt sich, einer Milchlache gleich, auf den Dielenfußboden. Um ihn herum ist Stille.

Trotz der Wärme hatte er die gut isolierten Fenster geschlossen. Damit wollte er sich vor den lärmenden Straßengeräuschen abschotten, in der Hoffnung, besser einschlafen zu können.

Jetzt vernimmt Parker die eigenen Schritte überdeutlich. Er hört seine nackten Füße tapsig übers Holz laufen, unmittelbar auf die Tür zu. Ohne Licht zu machen, geht er durch den Flur in die Küche. Hier drückt er mechanisch auf den Lichtschalter und steuert blinzelnd auf die Anrichte zu. Er greift nach der

Mineralwasserflasche, schraubt sie auf, setzt an und lässt den Inhalt stoßweise die Kehle hinunterlaufen.

Das plötzliche Krächzen hinter seinem Rücken erschreckt ihn. Er verschluckt sich und wird sogleich von einer heftigen Hustenattacke durchgeschüttelt. Nur mit Mühe gelingt es ihm, die Flasche zurückzustellen, um dann beide Hände auf den Mund zu legen.

Tränen schießen ihm in die Augen. Er wischt sie weg und wendet sich um.

Watson starrt zu ihm hoch und stößt ein zweites Mal ein befehlendes Krächzen aus.

Parker winkt ab. »Küche ist geschlossen«, sagt er. »Und wer nicht richtig miauen kann, kriegt um diese Uhrzeit sowieso nichts mehr!«

Watson verengt die Augen zu Schlitzen, und Parker fühlt sich förmlich durchbohrt.

»*Niente!*«, antwortet er streng, was den Kater veranlasst, sich umzudrehen und stoisch den Raum zu verlassen.

Parker schnappt sich die Wasserflasche, stellt sie auf den Tisch und setzt sich erschöpft auf einen der beiden Stühle. Mit leerem Blick glotzt er vor sich hin.

ACHTZEHN

Er hat seine Aussage gemacht. Degen hat sie protokolliert und gemeint, dass Timo dadurch noch am selben Tag dem Haftrichter vorgeführt werden kann. Dann hat sein Freund ihn nach Hause geschickt.

Parker hatte inständig gehofft, Katharina noch mal zu sehen. Hatte gehofft, mit ihr sprechen zu können. Gehofft, ihr diese eine Frage stellen zu können!

Die Frage, die nur *sie* beantworten kann. Aber auch sie wurde auf direktem Weg in die U-Haft verfrachtet.

Da kommt einiges auf Katharina zu: Sie hat einen Mörder gedeckt und ihm zur Flucht verholfen. Sie war maßgeblich an der Freiheitsberaubung Parkers beteiligt und hätte seinen Tod billigend in Kauf genommen.

Billigend in Kauf genommen? Hätte sie das?

Parker fährt sich durch die Haare und atmet schwer aus. Es macht ihn fast verrückt, dass er sich diese Frage nicht beantworten kann. Dass er sich über eine Stunde in Todesgefahr befunden hat und womöglich nur mit viel Glück jetzt noch am Leben ist, ist die eine Sache. Aber Katharina? Bei all dem, was er ihr zutraut, sie war doch so was wie eine Freundin.

Nein, sie ist wahrlich alles andere als eine Heilige!

Aber hätte sie es wirklich zugelassen? Hätte sie Timo tatsächlich gewähren lassen? Hätte sie in letzter Konsequenz zugeschaut, wenn Timo ihn umgebracht hätte? Hätte sie Parker geopfert, nur um ihren Sohn vor dem Knast zu bewahren? Sie hätte ihren Sohn stoppen können!

Katharina hatte gesagt, dass es ihr zwar leidtue, aber dass sie keine andere Möglichkeit sehen würde. Für sie war klar, sie musste sich entscheiden zwischen ihrem Sohn, ihrem eigen Fleisch und Blut, und Parker.

Wie hätte er an ihrer Stelle entschieden? Parker winkt ab – zu abstrakt.

Er nimmt die halb volle Flasche vom Tisch, trinkt lange und gierig. Setzt sie wieder ab, schnappt nach Luft, trinkt erneut, bis er die Flasche geleert hat, und stellt sie zurück. Er steht auf, geht ins Wohnzimmer und schaltet auch hier das Licht an.

Sein Blick fällt sofort auf den Couchtisch, auf das leere Weinglas darauf und auf das Telefon, das danebenliegt.

Für eine Weile verharrt er so im Türrahmen, unschlüssig auf sein Handy stierend. Mit einer Hand massiert er sich gedankenverloren den Nacken.

»Was ich doch für ein harter Kerl bin«, flüstert er leise und mit den Worten »Hart und konsequent« stößt er sich von der Türschwelle ab und geht geradewegs auf das Ledersofa zu. Und noch bevor er sich in die Kissen fallen lässt, hält er bereits das Mobiltelefon in seiner Hand. Das Display zeigt vier Uhr fünfzig. Er zögert. Kaut auf seiner Unterlippe herum.

»Egal«, zischt er schließlich, wählt die Nummer und presst sich das Handy ans Ohr. Freizeichen. Parker hat das Gefühl, als ob sein Herzschlag mit dem wiederkehrenden Ton, der aus dem Hörer kommt, sich mindestens verdreifacht.

Dann: »Der gewünschte Gesprächspartner ist zurzeit nicht erreichbar ...«

★★★

Zusammengesunken, ja fast kauernd, kniet er da, in unmittelbarer Nähe der Muttergottes, und stumm sprechen seine Lippen ihr Gebet:

Gegrüßet seist du, Maria,
voll der Gnaden, der Herr ist mit dir.
Du bist gebenedeit unter den Frauen,
und gebenedeit ist die Frucht deines Leibes, Jesus.
Heilige Maria, Muttergottes, bitte für uns Sünder,
jetzt und in der Stunde unseres Todes.

Er schlägt das Kreuz und setzt sich zurück auf die Bank. Es ist sechs Uhr dreißig, und keine Schritte und kein Geflüster stören ihn. Um diese Zeit halten sich nur wenige Besucher im Dom auf, sodass er mit sich und seinen Gedanken sein kann.

Der Mann vergräbt das Gesicht in beide Hände und stöhnt leise auf.

Er hat ihn angerufen. Hat mit ihm gesprochen. Vor einer knappen Stunde. Es schien ihm nicht recht zu sein, und er sagte, dass er sich noch rasieren müsse, dass er keine Zeit habe ... es gäbe gleich Frühstück, und er wisse ja, dass er immer einer der ersten beim Frühstück sein wolle. Ja, das Frühstück sei nun mal die wichtigste Mahlzeit am Tag. Nein, er wolle ihn nicht sehen! Und er müsse das tun, was er glaubt, tun zu müssen. Aufhalten könne er ihn ja nicht! Er kenne seine Einstellung dazu. Seinen Segen bekäme er für diesen Alleingang nicht. Und ja, er sei von ihm enttäuscht. – Dann hat er aufgelegt.

Ja, er weiß, er hat einen Fehler gemacht. Einen unverzeihlichen Fehler! Er wird sich dafür verantworten müssen. Nur er allein! Nicht Theresa. Nicht sein Vater. Und ihm wird nicht vergeben werden, zu groß ist die Schuld, die er auf sich geladen hat. Durch seine Hände ist ein Unschuldiger gestorben.

Nein, er hat keine Gnade verdient. Wieder entfährt ihm ein tiefer Seufzer.

Seine Hände werden feucht, es fröstelt ihn plötzlich. Ein tiefes Gefühl der Einsamkeit übermannt ihn, und die Tränen rinnen ihm durch die Finger und fallen schwer auf den Kirchenboden.

Unvermittelt hebt er den Kopf gen Himmel, ein stiller Schrei verlässt seine Kehle. Er hat sich dieses Leben nicht ausgesucht! Er wurde hineingeboren in eine Welt, in der es für ihn nie eine Wahlmöglichkeit gegeben hat. Oder doch? Vielleicht war er aber auch von Grund auf böse? *Er* war es doch, der seiner Mutter den Tod brachte! Wäre er nicht geboren worden, würde sie noch leben.

»Du bist eben ein Bastard! Entsprossen aus einer Bastardfamilie.« Der Ton ist freundlich, beinah liebevoll. »Du bist, was du bist! Höre auf, dich zu grämen, und zermartere dir nicht dein Hirn über Dinge, die du nie ändern wirst.«

»Ja, du hast recht, Großmutter!«, antwortet er der inneren Stimme.

Demütig neigt er den Kopf, bis das Kinn auf seiner Brust ruht. Wie ein getadeltes Schulkind presst er die Lippen zusammen. Kleinlaut fährt er fort: »Aber ich habe schlimmes Unrecht getan – habe einem Unschuldigen das Leben genommen!«
»Wer ist schon ohne Schuld?«
»Du! Du bist ohne Schuld! Dir wurde etwas angetan. Du konntest dich nicht wehren, und es gab niemanden, der dir zu Hilfe gekommen ist. Weder währenddessen noch danach. Man hat dich benutzt und gedemütigt. Nur Gott hat dich nie verstoßen. Er war es, der dir die Kraft gab, weiterzumachen! Weiterzuleben! Eine Kraft, die es dir ermöglicht hat, dein Kind anzunehmen, es zu lieben und großzuziehen.«
»Du bist ein guter Junge. Und ich werde stolz sein, wenn du es endlich vollbracht hast! Wenn du den letzten männlichen Vertreter dieses schändlichen Clans getötet hast. Dann wirst du zu mir kommen, und wir werden beide unseren Frieden finden.«
Der Mann nickt heftig.
»Es wird noch heute passieren! Ich werde dir ein folgsamer Enkelsohn sein, werde dich nicht enttäuschen. Noch heute Abend wird es Erlösung geben: für dich – und für mich.«
Für einen Augenblick horcht er in sich hinein. Dann steht er auf, tritt aus der Bankreihe, deutet einen Kniefall an, während er sich bekreuzigt, und verlässt anschließend auf direktem Weg das Gotteshaus.
Draußen, vor dem Portal, bleibt er stehen und dreht sich um. Er sieht erst auf seine Uhr, es ist mittlerweile halb acht, dann wandert sein Blick die dunkle Fassade hoch.
Es ist ihm bewusst, dass er von dieser Stelle aus wohl das letzte Mal auf die Türme seiner geliebten Kirche schaut, die ihm für so viele Jahre ein Ort des Trostes war.

★★★

Das berühmte Gitarrenriff ertönt in dem Moment, als er das Shampoo auf seinem Kopf verteilt. Fluchend reißt er die Glastür der Duschkabine auf, tritt hinaus, greift nach dem Handtuch und trocknet sich fahrig ab. Als er endlich das Handy vom Regal nimmt und den dritten Loop der Bond-Melodie unterbricht, läuft ihm die Seife in die Augen. Er unterdrückt einen weiteren Fluch, wischt sich schnell übers Gesicht und meldet sich mit neutraler Stimme: »Parker!«

Schweigen am anderen Ende der Leitung.

Parker wird ungeduldig. Er sieht an sich herunter und bemerkt, dass die Pfütze zu seinen Füßen größer wird und sich ausbreitet.

»Hallo, hier Parker! Mit wem habe ich die Ehre, nicht sprechen zu können?«

Keine Reaktion. Parker will schon auflegen ...

»Entschuldige, Lou«, hört er Degen sagen, »ich bin gestört worden. Hier ist mal wieder die Hölle los. Kannst du dir ja sicher vorstellen ...«

»Klar, kann ich!«, unterbricht ihn Parker. »Aber bitte komm zur Sache, ich flute nämlich gerade mein Badezimmer!«

»Was?«

»Du hast mich aus der Dusche geholt! Ist aber jetzt auch schon egal. Was gibt es?«

Parker vernimmt Degens Räuspern.

»Wie bitte? Um diese Uhrzeit duschen? Es ist nach Viertel nach elf.« Degen lacht auf. »So gut müsste ich es auch mal haben. Ich bin bereits seit drei Stunden im Büro und ...«

»Du bist Beamter, ich nicht!«

Ohne auf Parkers Retourkutsche einzugehen, beendet der Kommissar seinen Satz: »... muss mich mit der Presse rumschlagen. Aber deshalb rufe ich nicht an. Ich wollte fragen, ob es bei heute Abend bleibt? Um acht Uhr im ›Anno Pief‹?«

Parker muss schmunzeln.

»Auf jeden Fall!«, beeilt er sich zu antworten. »Um acht im ›Anno Pief‹!«

Eine halbe Stunde später sitzt Parker vor seinem Kaffee und rührt mit dem Löffel geistesabwesend darin herum. Er freut sich auf das Treffen mit seinem Kumpel Degen. Endlich wieder mal unter Leute gehen, was anderes sehen. Natürlich will er mit seinem Freund auch über Alexandra reden. Er hatte sich heute früh fast auf die Zunge gebissen, aber er hatte ihr keine Nachricht auf die Mailbox gesprochen.

Was hätte er auch sagen sollen? Ruf mich zurück, mir geht es gerade besonders mies? Außerdem bin ich total enttäuscht von dir? Du wolltest dich doch melden?

Alles *Bullshit*! Wenn ihr was an ihm liegt, wird sie anrufen. Sie sieht ja, dass er versucht hat, sie zu erreichen.

Und selbstverständlich sieht sie auch die Uhrzeit, wann er es versucht hat! Du bist ein Idiot, Parker! Was macht das für einen Eindruck? Was soll sie von dir denken? Oh Mann, du weißt genau, was sie denken wird: typischer Pflegefall! Da lass mal schön die Finger von!

Großartig, Herr Privatdetektiv! Du hast dich zum Kasper gemacht!

Auf einmal wird Parker die Stille in der Wohnung bewusst.

Er hasst diese Stille, diese gewisse Stille, die sich heimtückisch nähert, sich ausbreitet und alles so schwer macht. Die ihn so schwer macht.

Ja, er kennt diese Umklammerung, die ihm die Luft zum Atmen nimmt. Diese Stille, die ihn so tieftraurig macht. Seine Existenz bedroht.

Es gab Zeiten, da war es ihm unmöglich, aus dem Bett zu kommen. Er hatte sich verkrochen wie ein angeschossenes Tier und niemanden an sich herangelassen. Er wusste nicht mit dieser plötzlich auftretenden Schwere umzugehen. Degens Frau Marie hatte ihm damals einen wirklich guten Therapeuten genannt. Mit dessen Hilfe war es ihm gelungen, die Fesseln aufzuschließen und das dunkle Gefängnis zu verlassen.

Der Arzt hatte ihm gesagt, dass es keine Heilung im klassischen Sinne geben wird, dass Depressionen sich nicht wegtherapieren lassen, dass sie immer wiederkommen können, dass man aber lernen kann, mit dieser Krankheit umzugehen. Zu leben!

Parker kennt die Anzeichen, die Warnhinweise, und weiß, ihnen zu begegnen.

NEUNZEHN

Er trinkt mit einem Schluck den restlichen Kaffee aus, geht zur Spülmaschine, öffnet sie und stellt die Tasse hinein. Als er den Flur betritt, stolpert er um ein Haar über Watson, der da ausgestreckt auf dem Boden liegt und jetzt ruckartig seinen Kopf hebt. Ihre Blicke treffen sich, und Parker glaubt in den Augen der Katze den Befehl »Dose öffnen! Aber *pronto*!« zu lesen. Und sogleich fällt ihm seine Mutter ein. Ohne sich weiter um Watson zu kümmern, wählt er ihre Nummer.

»Emma Parker.«

»Ja, ich bin's! Ich wollte mal hören, wie es dir geht!«

»Ach, Lou, schön, dass du mal wieder anrufst! Mir geht es gut. Stell dir vor, ich habe gleich Chor!«

»Du singst?«

»Ja, die haben mich gefragt, und ich hab zugesagt. Wer hätte das gedacht, deine alte Mutter lernt jetzt das Singen! Wir werden sogar im Rahmen des Sommerfestes auftreten.«

Sie lacht, und Parker freut sich darüber. Es tut ihm gut, seine Mutter so gelöst zu erleben. »Und was für Stücke habt ihr so im Repertoire? Etwa ›Sympathy For The Devil‹? *Please allow me to introduce myself* ...«

Wieder lacht seine Mutter ins Telefon hinein.

»Nein, nein«, kichert sie, »wir halten uns eher an die kölschen Töne. Altes kölsches Liedgut. Lieder von Willi Ostermann, Karl Berbuer, Trude Herr und so weiter. Auch von den Bläck Fööss!«

»Na, das klingt ja nach richtig viel Spaß! Du kannst mich schon mal auf die Gästeliste setzen lassen – das muss ich hören und sehen!«

»Ach was, Gästeliste, so was haben wir hier nicht! Aber der Bürgermeister hat sich schon angekündigt. Ich würde mich freuen, wenn du kommen würdest. Kannst auch jemand mitbringen.«

Parker überhört den letzten Satz und fragt seinerseits mit

etwas provokantem Unterton: »Und was ist mit … Heinz? Alles noch klar zwischen euch?«

»Hör mal, Lou!«, antwortet sie nachdrücklich. »Der Heinz ist ein netter Mann. Zuvorkommend, höflich und mit guten Manieren. Drängt sich nie auf, hat Stil. Der weiß, was sich gehört. Und vielleicht wird da auch mal mehr draus, kann ich dir momentan noch nichts zu sagen. Aber es läuft erst mal auf eine Freundschaft hinaus. Nicht mehr, aber auch nicht weniger.«

Parker verzieht das Gesicht. Er hätte nicht davon anfangen sollen. Es war blöd von ihm. »Singt er auch im Chor?«

Parkers Versuch, Interesse an Heinz zu heucheln, schlägt fehl.

»Nein, Lou, tut er nicht!«, antwortet seine Mutter etwas schnippisch. Schweigen.

Parker rollt mit den Augen und würde sich am liebsten ohrfeigen.

»Was macht Watson? Versteht ihr euch mittlerweile besser?«, fragt sie schließlich, und Parker, der froh über den Themenwechsel ist, antwortet, ohne zu zögern: »Kein Problem! Solange ich ihm sein Lieblingsfutter offeriere und ihn ansonsten ignoriere, kommen wir beide hervorragend miteinander aus.«

»Watson ist sehr sensibel!«

»Ähm, ja! Bestimmt! Wenn ich die Chance von ihm bekomme, ihn näher kennenzulernen, werde ich das mit Sicherheit auch feststellen.«

Parker lässt das Gesagte kurz stehen und erklärt dann: »Warum ich auch angerufen habe: Ich wollt dich morgen gerne besuchen kommen. Ist dir das recht?«

»Was fragst du, Lou! Ich freue mich immer, wenn du mich besuchst!«

»Du bist sensibel, habe ich soeben erfahren«, sagt Parker, nachdem er aufgelegt hat. »Scheinst aber ein Problem damit zu haben, darüber zu reden.«

Er schaut auf den Kater herunter. Watson setzt sich auf und hält dem Blick stand.

»Na, dann sind wir ja schon zu zweit! Vielleicht gibt es ja noch mehr Gemeinsamkeiten zwischen uns.«

Parker dreht sich um, geht zurück in die Küche und ruft von dort aus: »Komm, Dicker, *lunchtime*!«

Es ist Punkt eins. Parker verlässt seine Wohnung, geht die Treppe hinunter und geradewegs durch die Haustür. Er bleibt kurz stehen, hält sein Gesicht der wärmenden Sonne entgegen und atmet tief durch! Frische Luft! Das ist es, was er jetzt dringend braucht.

Er zieht die Sonnenbrille an, und ohne groß darüber nachzudenken, wendet er sich nach rechts. Läuft an der Musikhochschule vorbei und findet sich zehn Minuten später am Konrad-Adenauer-Ufer wieder.

Er wartet an der Ampel, bis diese Grün wird, und überquert die breite Straße. Die Bastei lässt er links liegen, um der Sonne entgegen am Rhein entlang Richtung Dom zu gehen. Von seiner Umgebung und von den Menschen, die wieder scharenweise die Promenade bevölkern, bekommt er nur wenig mit.

Seine Gedanken kreisen um zwei Namen: Alexandra und Katharina.

Schließlich bleibt er an Katharina hängen, und er taucht ab in eine Zeit, in der sie eine entscheidende Rolle in seinem Leben gespielt hat.

Kennengelernt hatte er Katharina während einer Razzia in einer ihrer, wie sie zu sagen pflegt, »Begegnungsstätten« auf dem Eigelstein. Parker war da sechsundzwanzig, Kriminalkommissar-Anwärter, mit Uniform, an deren Schulterklappen je ein silberner Streifen zu sehen war.

Es war sein erster Einsatz im Rotlichtmilieu. Er war aufgeregt, auch wenn alle von Routine sprachen. In dem Moment, als die Beamten das Lokal betraten, wurde es hektisch. Männer griffen rasch nach ihren Jacken, goldenen Feuerzeugen und anderen Utensilien und drängten in Richtung Ausgang. Frauen unterschiedlichen Alters schrien auf oder fingen an, laut herumzulamentieren.

Nur eine Frau, ganz in Schwarz gekleidet, schien mit der ganzen Sache nichts zu tun zu haben. Beinah amüsiert beobachtete sie, an der Bar stehend, das Tohuwabohu um sie herum.

Diese Coolness nahm Parker augenblicklich gefangen, und er konnte seinen Blick nicht von der zierlichen Person nehmen. Erst als ihn einer seiner Kollegen mit dem Ellbogen in die Rippen stieß, tat er das, wozu er eingeteilt war: Er sorgte mit zwei weiteren Anwärtern dafür, dass weder die Freier noch die Frauen das Etablissement verließen, während die erfahrenen Polizeibeamten das Haus Zimmer für Zimmer durchgingen. Pässe und Aufenthaltsgenehmigungen wurden überprüft, alles schien in Ordnung. Bis plötzlich ein Gast von oben, ein bulliger Typ, schreiend die Treppe hinunterstürmte, dabei einen jungen Polizisten umwarf und einen weiteren mit einem Barhocker niederschlug.

Alles ging furchtbar schnell, und dann hielt dieser Kerl mit einem Mal ein Messer in der Hand. Noch bevor einer der Beamten reagieren konnte, schnappte sich der Mann die schwarz gekleidete Frau von der Bar und hielt ihr das Messer an die Kehle.

Er brüllte, er werde sie auf der Stelle töten, sollte sich ihm einer in den Weg stellen. Parker sah, wie die Hand des Mannes zitterte, und er sah den dünnen roten Strich am Hals der Frau und verfolgte, wie das Blut in einer schmalen Bahn hinunter in ihr Dekolleté lief.

Er fragte sich, warum sie nicht aufschrie. Wie sie so unbeteiligt bleiben konnte. Und er ertappte sich dabei, dass er sie bewunderte.

Der Mann schob die Frau vor sich her in Richtung Ausgang, und alle machten Platz. Auch Parker trat einen Schritt zurück und gab den Weg zur Tür frei.

Niemand wagte sich zu rühren, geschweige denn den Mann aufzuhalten, zu groß war das Risiko. In der Luft lag eine atemlose Spannung. Schon war er auf gleicher Höhe mit Parker und kurz davor, das Lokal samt Geisel zu verlassen, da passierte es:

Aus unerfindlichem Grund stolperte der Mann, er kam aus dem Tritt und war für den Bruchteil einer Sekunde abgelenkt. Die Hand mit dem Messer löste sich vom Hals, und die Frau in Schwarz nutzte die Gelegenheit, warf Parker, der direkt neben ihr stand, einen raschen Blick zu und trat dann kraftvoll hinter sich.

Der spitze Absatz bohrte sich in den Fuß des Mannes. Der schrie mit schmerzverzerrtem Gesicht auf und machte Anstalten, der Frau das Messer in die Brust zu rammen.

Doch Parker reagierte blitzschnell. Er sprang nach vorn, packte den Arm des Angreifers und drehte ihn auf den Rücken. Wieder schrie der Mann auf, fluchte, versuchte, sich herauszuwinden, und Parker verstärkte den Hebel. Mit einem scheppernden Geräusch fiel das Messer zu Boden, gleichzeitig schossen drei Beamte auf den Mann zu und überwältigten ihn vollends.

»Jetzt habe ich wohl mein Leben einer Unebenheit im Boden sowie dem heldenhaften Einsatz eines jungen Polizisten zu verdanken«, sagte Katharina damals lächelnd und reichte ihm die Hand.

»Wie heißen Sie?«

»Parker, Lou Parker!«

»Interessanter Name.« Sie hob leicht die rechte Augenbraue an und schaute ihm lange ins Gesicht. Ihr Lächeln wurde breiter, als sie sagte: »Lou Parker, Sie haben was gut bei mir.«

Sechs Jahre später war der Zeitpunkt gekommen, wo sie sich revanchieren sollte. Parker ermittelte seit drei Jahren gegen einen internationalen Kinderpornoring. Während seiner Recherchen stieß er unvermittelt in ein Wespennest. Bei einer Routinekontrolle der Autobahnpolizei an der Raststätte Königsforst eröffnete der Fahrer eines Vans mit belgischem Kennzeichen unvermittelt das Feuer auf die Beamten.

Zum Glück wurde keiner der beiden Polizisten verletzt. Der Schütze hingegen wurde von einer Polizeikugel getroffen und brach vor seinem Auto zusammen. Mit einem lebensgefährlichen Bauchschuss wurde er vom Rettungshubschrauber in die Uniklinik geflogen. Die Ärzte konnten das Leben des vierzigjährigen Belgiers in einer vierstündigen Notoperation retten. Dabei wurde festgestellt, dass der Mann vollgepumpt mit Kokain war. Es grenzte fast an ein Wunder, dass er in seinem Zustand noch in der Lage gewesen war, Auto zu fahren.

In dem Wagen entdeckte die Polizei neben zwanzig Kilo gestrecktem Kokain, abgepackt in Ein-Gramm-Beutel, auch ein Laptop.

Experten des BKA machten sich sogleich daran, knackten den Code und verschafften sich Zugang zu den Daten. Was sie fanden, war eine riesige Datei von kinderpornografischen Bildern und eine Liste mit Namen. Diese wurde umgehend an das zuständige Kommissariat weitergeleitet und kam somit in Parkers Hände.

Schon beim ersten Überfliegen der Namensliste, die ganz offensichtlich eine Kundendatei war, war ihm die Brisanz vollkommen bewusst.

Er kannte die Mehrzahl der dort Aufgeführten, allesamt Honoratioren aus Sport, Film und Politik. Und als dann noch der Belgier zwei Tage später tot in seinem Krankenbett aufgefunden wurde, war es Parker ziemlich klar, in welcher Situation er sich befand.

Es wurde im Laufe seiner Nachforschungen immer brenzliger für ihn. Er bekam den Druck von allen Seiten zu spüren. Die Prominenz wehrte sich. Mit legalen Mitteln – teure Anwälte gaben sich im Präsidium die Klinke in die Hand –, aber auch mit drastischeren Methoden versuchte man, Parkers Ermittlungen zu stoppen. Es war von vornherein ein ungleicher Kampf, und Parker fühlte sich mehr als einmal wie Don Quijote.

Dann kam diese Nacht, die alles verändern sollte.

Hätte Katharina damals nicht so gehandelt, wie sie es getan hat, wäre er heute ...

Das plötzliche Kreischen der Rheinuferbahn, die wegen eines unachtsamen Radfahrers hart bremsen muss, reißt ihn aus seinen Gedanken. Im ersten Moment orientierungslos, bleibt er stehen und schaut sich um. Oberländer Ufer. Ausgerechnet direkt gegenüber von Katharinas Anwesen.

Parker weiß nicht genau, wie oft er in den letzten Jahren die Einfahrt hochgefahren ist. Vielleicht acht-, neunmal. Und das wegen der unterschiedlichsten Anlässe. Parker erinnert sich noch sehr gut an die letzte Silvesterfeier. Pompös, mit ausgesuchten

Gästen. Alles nur vom Feinsten! Großes Feuerwerk! Und der Blick auf den Rhein. Er hat sich dort recht wohlgefühlt, obwohl er nicht dazugehörte. Aber man hat es ihn nicht spüren lassen, zu groß war die offenkundige Sympathie, die Parker bei der Gastgeberin genoss. Ja, es war in der Tat ein rauschendes Fest! Kein halbes Jahr ist das her.

Und jetzt? Jetzt steht er hier, sieht hinüber, und alles kommt ihm mit einem Mal so weit weg und fremd vor. So, als würde er durch fremde Augen schauen. Das Grundstück abgeschottet wie eine Festung. Das Tor geschlossen. Abweisend und feindselig auch die mit Efeu überwucherten Mauern. Unwillkürlich läuft ihm ein Schauer über den Rücken.

Er wendet sich ab, geht auf das Geländer zu und legt die Unterarme darauf ab. Gedankenverloren blickt er über den Fluss auf die andere Rheinseite und bleibt an einem Schleppkahn mit niederländischer Flagge hängen, der stromabwärts fährt.

Verwundert über sich selbst, schüttelt er den Kopf. So weit wollte er eigentlich gar nicht laufen. Und nun? Umdrehen und zurück? Er zögert. Ist unschlüssig.

Oder doch noch ein Stück geradeaus und dann unten am Rhein entlang?

ZWANZIG

Von hier aus sind es nur noch ein paar Gehminuten.
Was ist dabei? Warum so verkrampft?
Er will sie sehen! Das wird, nein, das kann sie ihm doch gar nicht krummnehmen. Mantrisch wiederholt er diesen Gedanken ein paarmal. Was jedoch auf ihn keine beruhigende Wirkung hat. Leicht verkniffen blickt Parker auf sein Handy, obwohl ihm klar ist, dass niemand angerufen hat. Nein, auch keine SMS! Das Vibrieren in seiner Jackentasche hätte er gespürt. Der Schlagabtausch in seinem Kopf geht in die heiße Phase. Zwei innere Stimmen, die heftig miteinander streiten.

Parker drückt sich vom Geländer ab, zieht die Schultern hoch und macht sich auf den Weg. Die Entscheidung ist gefallen. Doch wenn er sie antrifft, was wird er ihr sagen?

Ich bin rein zufällig in der Gegend … ich habe da noch eine Frage … warum zum Teufel rufst du mich nicht an?

Eine Viertelstunde später steht er vor dem Hotel Rheinblick. Plötzlich kommt er sich ziemlich blöd vor, was ihn wiederum ärgert. Sein Herz rast, und er schwitzt. Er spürt geradezu, wie ihm alle Farbe aus dem Gesicht weicht. Parker dreht sich langsam um die eigene Achse und wird dabei von einer älteren Dame mit Yorkshire an der Leine beobachtet. Sie kommt näher und bleibt einen Meter vor ihm stehen. Der Hund kläfft Parker hysterisch an. »Junger Mann, ist Ihnen nicht gut?«, fragt die Frau, wobei sie ihre Brille fast bis zur Nasenspitze vorschiebt, um ihn über die Gläser hinweg kritisch zu taxieren.

»Nein, nein, es ist alles in bester Ordnung!«, beeilt sich Parker zu antworten. »Ich will mir nur kurz die Beine vertreten, dann geh ich wieder hinein!«

Er lächelt und weist mit dem Kopf auf den Hoteleingang. Der Hund kläfft immer noch. Ohne Parker eines weiteren Blickes zu würdigen, dreht die Alte sich wortlos um, zieht einmal kurz an der Leine und verschwindet samt Kläffer in Richtung Rheinufer.

Einem Déjà-vu gleich betritt Parker das Foyer, und er muss schlucken, als sein Blick auf die verlassene Rezeption mit dem silbernen Klingelknopf trifft. Für einen Moment wirkt die Szene wie eingefroren.

Parker glaubt plötzlich, von irgendwoher Stimmen zu hören. Eine männliche und eine weibliche. Jetzt leises Gekicher. Bildet er sich das ein, oder klingt das Lachen nach Alexandra? Seine Nackenhaare stellen sich auf, und die Anspannung wächst. Er räuspert sich hörbar in die Faust und muss nicht lange warten.

»Kann ich was für Sie tun, mein Herr?«

Seine Stimme ist ebenso freundlich wie sein Lächeln. Parker schätzt den Mann in dem perfekt sitzenden grauen Zweireiher auf Mitte zwanzig. Auf seinem Namensschild steht »M. Schlüter«.

»Nun ...« Parker stellt sich kurz vor und sagt dann: »Ich hätte gerne Frau Alex... Frau Alexandra Pino gesprochen.«

Bedauernd zieht Schlüter die Brauen hoch und meint: »Frau Pino ist heute nicht im Dienst. Kann ich Ihnen weiterhelfen?«

»Eigentlich nein!«

Der Mann schaut ihn irritiert an, und Parker wird bewusst, dass er den Satz eher zu sich selbst gesprochen hat.

»Wann arbeitet Frau Pino wieder?«

»Dazu darf ich Ihnen leider keine Auskunft geben.«

Das ist genau die Antwort, die Parker befürchtet hat. Sein Missbehagen verstärkt sich, und die Enttäuschung scheint ihm im Gesicht zu stehen, denn Schlüter fügt rasch ein aufmunterndes »Versuchen Sie es doch in der nächsten Woche noch einmal!« hinzu. »Oder noch besser: Rufen Sie an!«

Er zieht einen der Hotelflyer aus dem vor ihm stehenden Aufsteller und reicht ihn Parker. »Hier, darauf finden Sie unsere Telefonnummer.«

Parker nickt dem Concierge mit einem schwachen Lächeln zu, nimmt den Flyer an sich, faltet ihn in der Mitte und verstaut die Broschüre etwas umständlich in der Innentasche seiner Jacke.

»Haben Sie recht herzlichen Dank, Herr Schlüter«, sagt er, hebt die Hand und wendet sich zum Gehen. Als Parker kurz darauf aus dem Hotel tritt, zwingt ihn die Sonne dazu, die

Augen zusammenzukneifen. Rasch setzt er die Sonnenbrille auf. Der Himmel zeigt sich wolkenlos und stahlblau und will so überhaupt nicht zu seiner Gemütsverfassung passen. Er fühlt sich hundeelend.

War das eben im Hotel tatsächlich Alex im Hintergrund? War sie es, die da so ausgelassen gelacht hat? Dann scheint es ihr ja gut zu gehen! Die Gedanken rasen ihm durch den Kopf. Überschlagen sich. Verdammt, er hätte wirklich kein Problem damit, wenn sie ihm klipp und klar sagen würde, dass es für sie nur die eine Nacht gewesen ist und dass es keine weitere danach geben wird. Nein, im Ernst, das wäre für ihn vollkommen in Ordnung. Er hat nichts gegen einen One-Night-Stand. Aber man sollte doch mit offenen Karten spielen.

Meine Güte, wir sind doch alles erwachsene ... Parker denkt den Satz nicht zu Ende. »Scheiße!«, entfährt es ihm stattdessen. Er fasst sich an die Stirn und fährt sich mehrmals durch die Haare. Er muss weg. Weg von hier.

Es hat keinen Sinn, hier weiter auf der Stelle zu verharren und auf was auch immer zu warten. Nein, die Ungewissheit, eventuell ganz in ihrer Nähe zu sein, ohne sie sehen zu können, zieht ihn zu sehr runter. Wenn er sich sputet, ist er in etwa fünfundvierzig Minuten zu Hause.

★★★

Es ist kurz nach acht, als Parker vom Eigelstein in die kleine Gasse Im Stavenhof einbiegt. Nur wenige Schritte über das grobe Kopfsteinpflaster und er steht vor der Backsteinfassade des »Anno Pief«. Davor zwei Frauen und ein Mann, die sich rauchend und angeregt über das gewonnene FC-Spiel vom Wochenende unterhalten. Die drei werfen Parker, ohne ihre Diskussion zu unterbrechen, einen flüchtigen Blick zu.

Noch bis in die siebziger Jahre war das »Anno Pief« ein Bordell. Heute wird die Kneipe in vielen Touristenführern unter Geheimtipp geführt, wobei die Bezeichnung »geheim« schon lange nicht mehr stimmt.

Auch heute wieder ist der Laden, der ohnehin nicht groß

ist, gerammelt voll. Im ersten Moment fühlt Parker sich von der Geräuschkulisse erschlagen. Zu der kölschen Rockmusik gesellt sich mindestens ebenso lautes Stimmengewirr.

Dicht an dicht stehen meist junge Menschen zusammen, mit zum Teil roten Wangen und mit einem Bier in der Hand, die reden, lachen und singen. Und manche schaffen es sogar, sich trotz der Enge zum Takt der Musik zu wiegen.

Parker schiebt sich an schwitzenden Körpern vorbei, hebt den Arm, um Patrick, den Besitzer, zu grüßen, der hinter der Theke stehend seinen Gruß erwidert. Parker reckt den Kopf etwas in die Höhe und entdeckt Degen, wie dieser kauend an einem Tisch sitzt. Und vor ihm ein halb volles Kölschglas. Parker verzieht süffisant die Mundwinkel.

Unfassbar, da hat doch sein Freund tatsächlich ein Tisch mit zwei Stühlen ergattert.

»Seit wann bist du denn schon hier?«, begrüßt er ihn und breitet die Arme aus.

»Noch nicht so lange«, antwortet Degen, der jetzt seine Frikadelle auf dem Teller ablegt, um sich die Finger an der Serviette abzuputzen. Er steht auf, und die beiden Freunde umarmen sich.

»Als ich ankam, wurde hier gerade was frei!«, erklärt Degen weiter und fügt lächelnd hinzu: »Mensch, Lou, ich freue mich, dass das heute Abend geklappt hat!«

Parker antwortet mit einem zustimmenden Nicken. Kaum dass er den Stuhl etwas nach hinten gezogen hat, um darauf Platz zu nehmen, steht auch schon ein frisch gezapftes Bier vor ihm. Parker schaut hoch.

»War doch richtig, oder?« Caroline sieht ihn mit einem keck fragenden Blick an.

Er mag die burschikose Kellnerin mit der unorthodoxen Sturmfrisur. Caroline ist eine ehrliche Haut und trägt ihr Herz auf der Zunge.

»Aber so was von! Herzlichen Dank«, erwidert Parker und zwinkert ihr zu.

Sie wendet sich an Degen. »Auch noch ein Kölsch?«

»Eilt nicht! Nur wenn du gerade in der Nähe bist ...«

Caroline schenkt ihm ein nachsichtiges Lächeln, dreht sich auf dem Absatz um und verlässt die beiden.

Parker hebt sein Glas. Sein Freund tut es ihm gleich.

»Na, dann auf uns!«, sagt er und leert das Glas in einem Zug.

»Und bevor du fragst ...«, raunt Degen und beugt sich etwas über den Tisch, »du musst dir keine Gedanken wegen Rene Borger machen. Ich habe für den heutigen Abend, und das bis gegen dreiundzwanzig Uhr, einen meiner besten Leute für die Observation abgestellt. Also bis zum Ende des Abschlussfeuerwerks. Ist alles mit den Borgers abgesprochen. Das Abbauen des Autoscooters nach dem Ende der Kirmes in der Nacht erledigen bezahlte Helfer, sodass Rene Borger noch während des Feuerwerks von seinem Schwager zu seinem Auto begleitet wird. Er fährt dann nach Hause. Sollte etwas sein, werde ich sofort informiert. Du kannst dich also entspannen. So, und nun kein weiteres Wort mehr über die Arbeit! Ich hab Feierabend!« Er lehnt sich wieder zurück, verschränkt die Arme vor der Brust und erklärt im bestimmenden Tonfall: »Außerdem will ich von dir endlich alles über deine Alexandra erfahren.«

Parker stellt sein Bier ab, stützt das Kinn in eine Hand und starrt seinen Freund mit verunglücktem Grinsen an.

»Na ja«, druckst er herum, »so wie es zurzeit aussieht, hat sich das mit ›deine Alexandra‹ bereits erledigt.«

Parker macht eine Pause, greift nach seinem Glas und nimmt einen Schluck. Als er es wieder abstellt, sieht er Degens Stirnrunzeln.

»Ach, verdammt«, stöhnt Parker, »ich weiß ja auch nicht!«

Caroline tritt an den Tisch, liefert gleich zwei Frischgezapfte ab und verschwindet wieder, diskret und wortlos.

»Vielleicht erzählst du mal der Reihe nach. Manchmal hilft das«, wendet Degen ein.

Und Parker erzählt. Chronologisch und in einem durch.

Und er beendet seine Ausführungen mit: »... und ich steh da wie der größte Depp vorm Hotel, und sie amüsiert sich mit Herrn M Punkt Schlüter. Wahrscheinlich lachen die beiden immer noch über mich!«

»Warum sollte Alexandra sich dir gegenüber so verhalten?«

Parker hört deutlich die Skepsis in Degens Stimme und zieht die Schultern hoch.

»So, wie du sie beschrieben hast«, fährt sein Freund fort, »ist sie eine intelligente und selbstbewusste Frau. Sie würde dir offen sagen, wenn es ihr nur um eine Nacht gegangen wäre. Gut, ich kenne sie nicht, aber nach meinem Gefühl ist sie nicht die Frau, die Spielchen spielt!«

»Und warum meldet sie sich nicht? Sie müsste doch gesehen haben, dass ich versucht habe, sie zu erreichen!«

Degen plustert die Wangen auf und erwidert: »Ich hab keine Ahnung! Aber mal ehrlich: Es ist gerade mal drei Tage her, seit du ihre Wohnung verlassen hast. Findest du nicht, dass du das Ganze dramatisierst?«

Parker rutscht auf seinem Stuhl ein Stück tiefer, streckt die Beine aus und stimmt seinem Freund schließlich mit einem brummenden »Hmmm« zu.

»Du solltest ihr einfach vertrauen«, redet Degen in einem versöhnlichen Tonfall weiter. »Du bist oft viel zu misstrauisch! Stellst immer gleich alles in Frage! Geh es doch erst mal in Ruhe an. Sie wird sich schon melden. Hey, Lou, lass ihr Zeit. Ich kann da aus eigener Erfahrung sprechen. Du weißt, wie es für mich war, als ich Marie kennengelernt habe.«

Natürlich erinnert sich Parker an diese Zeit. Es war eine äußerst schwierige Zeit für seinen Freund. Aber eine noch weitaus schwierigere für Marie.

Degen hatte sie im Zuge einer Vermisstenanzeige kennengelernt. Marie ist Lehrerin, und eine ihrer Schülerinnen war verschwunden. Im Laufe der Ermittlungen wurde ein Jugendlicher umgebracht, und der Mörder, ein Psychopath, verfolgte Marie auf Schritt und Tritt. Als er sie in ihrem Haus überfiel, erschoss ihn Marie in Notwehr. Auf eigene Veranlassung hin ließ sich Marie stationär in eine Psychiatrie einweisen.

Sie konnte nach drei Monaten die Klinik verlassen. Degen hatte sie in dieser Zeit regelmäßig besucht, und als Marie entlassen wurde, war er immer noch da. Das ist jetzt drei Jahre her.

»Hast ja recht!«, räumt Parker ein. »Ich hab keinen blassen Schimmer, was mit mir los ist. Zu meiner Ehrenrettung kann ich nur anführen, dass ich mich wohl ziemlich heftig in diese Frau verknallt habe. Und dass ich mich nach all den Jahren als *Lonesome Cowboy* nach einer Beziehung sehne. Glaub mir, Jo, es macht keinen Spaß, so allein durch die Welt zu gehen. Scheiß was auf die Unabhängigkeit, die ich mal mehr, mal weniger gekonnt propagiert habe. Ich sehne mich nach jemanden, der auf mich wartet, wenn ich nach Hause komme. Und damit meine ich keinen sturen Dosenfuttervertilger auf vier Pfoten. Meinetwegen sehne ich mich auch nach meinen Erklärungsversuchen, die ich betrunken von mir gebe, wenn ich mal wieder spät von der Kneipentour ins Bett krieche. Mag sein, dass ich mich sogar danach sehne, mich mal wieder so richtig zu fetzen! Außerdem«, Parker bricht kurz ab und blickt ernst in sein Bierglas, »schlägt mir die Sache mit Katharina auf den Magen. Ich weiß, wie du über sie denkst, aber für mich war sie so was wie eine Freundin.«

Parker schaut auf, sieht seinen Freund an und fügt mit einem knappen Lächeln hinzu: »Und im Grunde genommen ist sie das geblieben.«

Degen greift kopfschüttelnd nach seinem Bier und knurrt: »Du und die Frauen!« Er verdreht die Augen, trinkt und sagt: »Und es ist richtig, ja, für mich ist Katharina Gemma eine kriminelle Person. Auch wenn sie dir vor Jahren den Hintern gerettet hat, sie bleibt gefährlich und rücksichtslos. Nein, ich hab kein Verständnis dafür, dass du einen so engen Kontakt zu ihr gepflegt hast. Dass du bei ihr ein und aus gegangen bist. Es mag daran liegen, dass mir im Gegensatz zu dir der sozialromantische Blickwinkel fehlt.«

Parker tut Degens bissige Antwort achselzuckend ab und meint: »Ich muss sie unbedingt sprechen!«

»Und warum?«

»Weil ich was wissen muss!«

»Und das wäre?«

Parker rollt mit den Augen, bevor er entgegnet: »Willst du nicht hören! Und deine Antwort will ich nicht hören.«

»Dann lass es!«

Parker nippt an seinem Bierglas. »Ich will wissen, ob sie es zugelassen hätte, dass ihr Sohn mich umbringt«, erklärt Parker zurückhaltend.

Degen sieht ihn beinah mitleidig an.

»Ja«, sagt er, »das hätte sie!«

Parker wirft die Hände in die Luft und stöhnt: »Genau das ist es, was ich nicht von dir hören wollte!«

»Dann besuch sie in ein paar Monaten im Knast und frag sie danach!«

»Das dauert mir zu lange! Kannst du …?«

Degen winkt ab. »Nee, Lou, da ist nix zu machen. Vergiss es! Frau Gemma sitzt in U-Haft, und dass sie außer ihrem Anwalt niemanden empfangen darf, muss ich dir ja eigentlich nicht erklären.«

Parker verzieht das Gesicht.

»Entschuldige, Jo«, räumt er ein, »war 'ne blöde Idee!«

EINUNDZWANZIG

»Jungs, jeder noch ein Kölsch?« Caroline blickt erst Parker, dann Degen an, der bereits ansetzt, um die Frage zu beantworten, als Parker die plötzliche Veränderung in dessen Gesicht wahrnimmt. Ungläubig starrt Degen an ihm vorbei, und von der einen auf die andere Sekunde verfinstert sich seine Miene. Er springt abrupt auf und rudert hektisch mit dem Arm. Parker dreht sich um.

Der beleibte Mann im blauen Sakko, der jetzt unsicher zurückwinkt, steuert etwas irritiert dreinblickend auf sie zu. Die roten Flecken in seinem Gesicht sind unübersehbar, und Parker tippt schmunzelnd auf »gerade frisch von der Polizeischule entwöhnt«.

»Hallo, Chef ...«, beginnt der Mann, verstummt aber sogleich, als er Degens hochroten Kopf bemerkt.

Dann hört Parker auch schon seinen Freund rufen: »Dellnitz, was machen Sie denn hier?«

Die Schärfe in Degens Tonfall ist unüberhörbar.

»A Schapf namma!« Dellnitz schwäbelt ein bisschen. »Ähm, ich wollte ein Bier trinken ...«

»Was wollten Sie?«, poltert Degen los und zieht damit die Aufmerksamkeit anderer Gäste auf sich. Caroline hebt besänftigend die Hände.

»Ruhig, Jungs! Ich will hier keinen Stress! Der Abend hat doch so schön begonnen!«

Degen wendet sich zu ihr, versucht es mit einem Lächeln und antwortet mit erhobener Stimme, sodass es auch jeder hören kann: »Keine Sorge! Ich bin jetzt brav!«

Caroline nickt zufrieden, sammelt die leeren Gläser ein und verschwindet wieder.

Mit einer knappen Kopfbewegung bedeutet Degen seinem Mitarbeiter, näher zu kommen.

»Jetzt noch mal!«, zischt Degen und funkelt Dellnitz dabei argwöhnisch an. »Was machen Sie hier? Es ist kurz nach neun!

Sie sollten bis zum Ende des Feuerwerks, bis Borger im Auto sitzt, in Deutz bleiben!«

»Ist das dein bester Mann?«, fragt Parker entgeistert. Ohne auf Parkers Zwischenruf einzugehen, wiederholt der Kommissar seine Frage.

Der Angesprochene reibt seine Hände und sieht zwischen seinem Chef und Parker hin und her.

Schließlich: »Aber Thannhäuser sollte mich doch ablösen!«, gibt er kleinlaut von sich. »I han gemoind … ich hab gedacht, das wäre in Ordnung. Thannhäuser hat gesagt, Sie hätten das so angeordnet. Ich hab mich ja auch gewundert …!«

»Thannhäuser?«, entfährt es Degen. Parker sieht, wie sein Freund schlagartig blass wird.

»Du hast das nicht angeordnet, stimmt's?« Parker ahnt Unheil.

Degen schüttelt langsam den Kopf.

»Nein, Lou, hab ich nicht«, presst er hervor und blickt dann zu Dellnitz.

»Wo haben Sie Ihr Auto stehen?«

»Die Straße hoch und gleich links, auf dem Gereonswall.«

»Dann los!«, brummt Degen, dreht sich zu seinem Stuhl um und zieht das Sakko von der Rückenlehne. Er wirft Parker, der mittlerweile ebenfalls aufgestanden ist, einen kurzen, auffordernden Blick zu.

»Was ist, kommst du mit?«, fragt er im Loslaufen.

»Was denkst du denn?«, ruft Parker ihm hinterher, schnappt sich seine Jacke und winkt Caroline zu sich.

»Schreib es auf meinen Deckel!«

Keine drei Minuten später sitzt er auf der Rückbank von Dellnitz' Wagen. Dellnitz lässt die Scheibe herunter und setzt das Blaulicht aufs Dach.

»Am besten fahren wir hier rechts, auch wenn es dort voll sein wird, auf den Hansaring – es ist trotzdem noch der schnellste Weg«, dirigiert Parker den am Steuer sitzenden Dellnitz, während Degen in sein Handy brüllt: »Ich brauche dringend Verstärkung! Alle verfügbaren Kräfte zur Deutzer Kirmes! Ja, sonst würde ich nicht anrufen … schickt meinetwegen einen Mannschaftswagen, nur beeilt euch! Und bringt auch gleich einen RTW mit!«

Degen legt auf und dreht sich zu Parker um.

»Lou, was ist das für eine …!«

»Und nun rechts abbiegen auf das Konrad-Adenauer-Ufer und danach halb links auf den Heumarkt …«

Parker nickt seinem Freund verstehend zu, ohne etwas zu sagen. Was soll er ihm auch antworten? Er kann sich nur zu gut vorstellen, was jetzt für ein Film in Degens Kopf abläuft. Es ist schlichtweg der Gau! Ein Kollege!

Und dann natürlich die Frage nach dem Warum. Warum hat niemand etwas bemerkt? Wie konnte er unerkannt bleiben? Jetzt ist auch klar, wie der Täter an das Insiderwissen gekommen ist – die Adresse von Guthardt etwa. Parker erinnert sich: Thannhäuser war in der Nähe, hatte vermutlich an der Tür gelauscht, als er mit Degen den Fall durchgegangen war.

»Jetzt auf die Deutzer Brücke!«

Er selbst hat Thannhäuser zweimal gegenübergestanden. Hat mit ihm gesprochen, hat ihm die Hand gegeben. Sieht so ein Mörder aus? Ein Psychopath? Ein Serienkiller?

Parker schüttelt innerlich den Kopf.

Wie müßig und überflüssig, sich solch eine Frage zu stellen. Die Medien tun so etwas. Wahrscheinlich, weil sich solche Schlagzeilen gut verkaufen lassen. Irgendwo hatte er mal den Satz gelesen: »Das Böse hat nicht nur ein Gesicht.« Von wem er stammt, hat Parker vergessen. Aber der Satz ist ihm im Gedächtnis geblieben.

»Halb rechts jetzt und danach wieder rechts, auf die Siegburger.«

Die Fahrt hat keine zwanzig Minuten gedauert. Dellnitz steigt auf die Bremse und bringt seinen Wagen am Straßenrand, direkt gegenüber dem Riesenrad, zum Stehen, ignoriert das Hupen hinter sich und betätigt den Knopf der Warnblinkanlage.

Ein kurzer Schulterblick, und Parker öffnet die Wagentür. Degen und Dellnitz tun es ihm gleich. Wortlos warten sie, begleitet von dröhnender Partymusik und sich überschlagenden Kirmessprechern, bis der Verkehr weniger wird und das Überqueren der Straße möglich ist.

Degen erreicht die andere Seite als Erster.

»Schnell«, ruft er und ist bereits am Eingang, »zum Autoscooter!« Dann taucht er auch schon in die Menschenmenge ein.

Parker legt einen Zahn zu, hört in seinem Rücken Dellnitz schnaufen und begibt sich ebenfalls in das Getümmel. Seinen Freund im Blick, bahnt sich der Detektiv stur seinen Weg, weicht drei Jugendlichen mit Bierflaschen und Currywurst aus, entschuldigt sich bei einer üppigen Rothaarigen, die er versehentlich angerempelt hat, und bleibt schließlich neben Degen stehen, der ihn vor dem Fahrgeschäft der Borgers erwartet.

»Wo bleibt denn Dellnitz, verflucht!«

»War direkt hinter mir!«

Degen stellt sich auf die Zehenspitzen, blickt sich nach allen Seiten um.

»Siehst du ihn irgendwo?«, fragt er.

»Dellnitz?«

»Nein, ich meine Rene Borger!«

Parker steigt rasch die Treppenstufen hoch, die zum Fahrgeschäft führen, und schaut sich von dort aus um. Er verzieht das Gesicht und schüttelt den Kopf.

»Nichts von ihm zu sehen!«, ruft er Degen zu, zu dem sich nun auch Dellnitz gesellt, der etwas ermattet und zittrig wirkt.

»Ich frage nach«, erklärt Parker und deutet in Richtung Kassenhäuschen. Er drängelt sich schubsend an einem Pärchen vorbei und wirft ihnen ein flüchtiges »'tschuldigung!« zu.

»Wo ist ihr Schwager?« Parker kann dem Mann die Verwirrung ansehen.

»Was ... was soll das heißen? Rene stand doch eben noch ...«

Er beugt sich nach vorn, reckt seinen Kopf aus dem Fenster, seine Augen wandern flackernd nach links »... vor einer Minute stand Rene doch noch da!«

Ohne sich weiter um den Schausteller zu kümmern, wendet sich Parker ab und eilt die Stufen hinunter.

»Wir müssen uns aufteilen«, ruft er. »Ich nehme mir den

Stellplatz für den Wohnwagen …« Parker wird von Degens Mobiltelefon jäh gestoppt.

Der Kommissar bedeutet mit einer Handbewegung, dass Parker warten soll, und nimmt das Gespräch an.

»Sehr gut!«, hört der Detektiv seinen Freund sagen. »Dann postieren Sie ein paar Ihrer Leute am Haupteingang und riegeln Sie, soweit es geht, das Gelände ab. Die gesuchte Person heißt Robert Thannhäuser. Er ist mit einer polizeilichen Dienstwaffe und vermutlich mit einem Messer bewaffnet. Ja, er ist Polizist. Und es ist anzunehmen, dass er sich einer Verhaftung durch Waffengebrauch zu entziehen versucht. Sein Foto können Sie herunterladen …«

Den Rest bekommt Parker schon nicht mehr mit. Ohne ein weiteres Wort zu sagen, dreht er sich um und läuft los.

★★★

Thannhäuser starrt mit ausdrucksloser Miene an sich herunter und auf Rene Borger, der gekrümmt und leise stöhnend vor seinen Füßen liegt. Er bewegt sich kaum noch.

Es war diesmal besonders einfach gewesen. Arglos war Borger – auf die Bitte des Polizisten nach einem frischen Kaffee – vorausgegangen, dorthin, wo der Wohnwagen der Familie steht. Thannhäuser war ihm gefolgt, und noch bevor der Schausteller die Tür aufschließen konnte, packte er den völlig überrumpelten Mann an der Schulter, riss ihn herum und stach mit einem gezielten Stich in den Oberbauch zu.

Für Sekunden hielt er Borger mit dem Stilett auf der Stelle und verhinderte so, dass er in sich zusammensackte. Er blickte seinem Opfer direkt in die Augen, die ihn entsetzt anstarrten.

Thannhäuser betrachtete Borger teilnahmslos und ohne ein Gefühl des Triumphs. Er horchte in sich hinein … nein, keine Stimme, keine Genugtuung. Nichts! Nur Leere.

Behutsam legte er den erschlaffenden Körper auf dem Boden ab und zog mit einem Ruck die Stichwaffe heraus.

Jetzt wischt er mit einem Tuch gewissenhaft das Blut vom Stilett, schlägt es wieder in den Leinenstoff und steckt sich das Bündel hinten in den Hosenbund.

Seine Hand fährt mechanisch in die Jackentasche und holt das Teppichmesser hervor. Mit dem Daumennagel dreht er die Schraube auf, verschiebt die eine Hälfte des Metallgriffs und nimmt die zuoberst liegende Hakenklinge vorsichtig heraus.

Ohne seinen Blick von dem Opfer zu nehmen, legt er die Klinge ein und setzt das Gehäuse wieder zusammen.

Thannhäuser geht in die Hocke, kniet sich vor Borger und dreht ihn auf den Rücken. Der Mann regt sich nicht mehr. Thannhäuser öffnet die Gürtelschnalle und zieht Borger kraftvoll die Hose bis zu den Knien herunter.

Seine Finger schieben sich schon unter den Saum der Boxershorts, da vernimmt er Schritte, die rasch näher kommen.

Thannhäuser wirft den Kopf in den Nacken und schaut hoch.

★★★

Parker hört deutlich das Knirschen unter seinen Schuhsohlen und stößt innerlich einen Fluch aus. Der sandige Untergrund macht ein Heranpirschen und somit einen Überraschungsangriff unmöglich. Doch das hat in diesem Moment jegliche Bedeutung verloren.

Parker sieht den leblosen Körper Borgers, und er sieht Thannhäuser neben ihm, am Boden kauernd, wie er aufschaut und ihm dabei geradewegs in die Augen blickt. Kalt und selbstbewusst.

Langsam richtet er sich auf, das Teppichmesser mit der Hakenklinge in der Hand.

»Thannhäuser, geben Sie auf! Sie kommen hier nicht mehr weg. Das komplette Gelände ist umstellt. Aber Sie kennen das, Sie sind ja Polizist. Ihnen brauche ich keine schlauen Ratschläge zu erteilen!«

Parker hält inne. Hofft, dass Thannhäuser antwortet. Etwas sagt, das es ihm möglich macht, zu verhandeln. Verhandeln um das Leben von Rene Borger. Wenn er denn noch lebt!

Doch Thannhäuser bleibt stumm. Starrt ihn ausdruckslos an. Sein Gesicht gleicht einer Maske. Beinah totenstarr.

Parker könnte versuchen, den Mann zu überwältigen, doch die Gefahr wäre zu groß, dass der seine Dienstwaffe benutzt.

»Hören Sie, seien Sie bitte vernünftig! Der Mann braucht dringend ärztliche Versorgung. Es stehen Rettungswagen bereit, die ihn auf dem schnellsten Wege ins Krankenhaus fahren können. Bitte, lassen Sie mich ihn hinausbringen. Ich bitte Sie inständig, geben Sie Rene Borger frei! Wenn ich jetzt ...«

Thannhäuser öffnet die linke Hand, das Teppichmesser fällt zu Boden, während die rechte plötzlich die Walther PPK umklammert. Jäh schnellt der Arm nach oben, und Thannhäuser hält sich die Waffe an die Schläfe. Ohne zu zögern, drückt er ab, und Parkers Schrei verliert sich in dem ohrenbetäubenden Knall.

ZWEIUNDZWANZIG

Der Tatort ist mit rot-weißem Flatterband abgesperrt. Davor unzählige Augenpaare. Kopfschütteln. Wortfetzen. Blaulicht. Dahinter Menschen in weißen Overalls. Spurensicherung. Polizeibeamte in Uniform. Geschäftiges Treiben. Jeder weiß hier, was er zu tun hat. Alles geht Hand in Hand. Routiniert, in einer eingespielten Abfolge.

Weiter weg und sich rasch entfernend, das Martinshorn. Sie haben Rene Borger schon weggebracht.

Parker lehnt mit dem Rücken an einem Streifenwagen, der wenige Meter vor der Absperrung steht, und raucht. Die graue Decke, die ein Sanitäter ihm fürsorglich über die Schulter gelegt hatte, liegt auf der Motorhaube.

Ihm ist nicht kalt. Die Zigarette hat er angenommen. Verdammt, das ist bereits die zweite innerhalb von achtundvierzig Stunden. Ein weiterer Zug. Angewidert verzieht er die Mundwinkel und schmeißt die halb gerauchte Zigarette auf den Boden.

Parker beobachtet, wie zwei Männer den schlaffen Körper von Robert Thannhäuser in den Blechsarg hieven.

»Brauchst du einen Arzt? Psychologische Betreuung?«

Parker antwortet nicht. Sein Blick heftet sich an den Sarg, verfolgt die Männer, die Thannhäuser jetzt wegtragen.

»Lou!« Degen hebt seine Stimme. »Hast du mich verstanden? Brauchst du Hilfe?«

»Ähm, ja«, Parker schüttelt vehement den Kopf. »Ich meine, nein! Es ist okay. Ich bin in Ordnung!«

Neue Bilder, die zu den anderen kommen. Die man nie mehr loswird.

»Lou«, Degen legt ihm eine Hand auf die Schulter, »du konntest es nicht verhindern. Niemand hätte es verhindern können. Dich trifft keine Schuld! Thannhäuser war krank. Einer, den man nicht kontrollieren konnte. Einer, der für uns nicht berechenbar war. Wir sind keine Psychologen. Keine Profiler. Wir verstehen solche Täter nur bedingt.«

Parker weiß, dass sein Freund es gut meint und dass er dabei auch noch recht hat. Irgendwie!

Doch der Zweifel bleibt. Dieser nagende Zweifel, ob er wirklich alles getan hat, was in seiner Macht stand. Ob er es nicht hätte abwenden können.

Gerade mal zwanzig Minuten ist es her, und das Kino in seinem Kopf spielt ihm immer wieder dieselbe Szene vor. Immer wieder steht er Thannhäuser gegenüber. Blickt ihm ins Gesicht. Nie wieder wird er diese Augen vergessen. Augen, die so unergründlich waren, die ihn kalt anstarrten, so lange, bis zu dem Moment, in denen sie durch die Kugel zerfetzt wurden.

Parker hatte nicht die geringste Chance gehabt wegzugucken. Thannhäuser war so schnell, so kompromisslos gewesen. Hatte Parker völlig überrascht.

Verdammt, warum hatte er kein Wort mehr gesagt? Was war das für ein Mensch? Wie konnte er aus dem Leben gehen, ohne irgendeine Erklärung abzugeben?

Parker bedeckt seine Augen, und allmählich spürt er, wie er wütend wird.

Wütend auf Robert Thannhäuser!

Er wird diesen Namen niemals mehr aus seinem Gedächtnis streichen können! Der wird eingebrannt bleiben, und das bis zu seinem Lebensende!

»Lou, ich lass dich jetzt nach Hause fahren!«

Die sanfte Stimme seines Freundes holt ihn zurück. Aufmunternd nickt er Parker zu und fährt fort: »Und das mit dem Protokoll übernehme ich. Ich werde so tun, als sei ich du! Du kannst es dann später noch überprüfen und unterschreiben.«

Dankbar schaut Parker ihn an und antwortet mit schmalem Lächeln: »Ja, das wäre prima! Ich bin echt müde! 'ne Mütze voll Schlaf, und ich bin wieder der Alte!«

★★★

Die immer wiederkehrende Tonfolge des Bond-Themas gewinnt schließlich die Oberhand, verlässt das Unterbewusstsein und reißt ihn aus einem traumlosen Erschöpfungsschlaf. Parker schreckt in seinem Bett hoch und braucht einen Moment, um sich zu sammeln.

Stöhnend lässt er sich zur Seite fallen. Seine Hand greift nach dem am Boden liegenden Telefon und hebt ab.

»Ja?«, meldet er sich mit belegter Stimme.

»Hallo, Lou, wie geht's dir?«, erkundigt sich Degen.

»Hmm!«

»Ich wollte dir bloß sagen, dass Rene Borger so gut wie über den Berg ist.«

Parker richtet sich auf und ist schlagartig hellwach. »Hey, das ist ja mal eine Spitzennachricht«, ruft er in den Hörer.

»Ja, absolut! Der behandelnde Arzt hat mich gerade angerufen. Die haben den armen Kerl in einer sechsstündigen OP tatsächlich wieder zusammengeflickt! Er liegt zwar noch ohne Bewusstsein auf der Intensivstation, aber er wird wohl durchkommen. Lou, du hast ihm gestern das Leben gerettet, ist dir das klar? Hättest du Thannhäuser nicht gestoppt, Rene Borger wäre an seinen inneren Verletzungen elendig verblutet. Mal ganz davon abgesehen, was ihm noch bevorgestanden hätte. Ich soll dir übrigens schon mal von seiner Schwester die besten Grüße ausrichten, und sie lässt fragen, ob sie dich in den nächsten Tagen anrufen darf? Für sie bist du ein Held! Und nicht nur für sie!«

Für einen Augenblick tritt eine Pause ein.

»Ähm ja«, antwortet Parker schließlich, »natürlich darf sie mich anrufen. Sag ihr bitte, sie könne sich bei mir in zwei bis drei Tagen melden. Sag ihr, ich bin ...«, Parker räuspert sich, »... ach, Jo, ich brauche jetzt einfach ein paar Tage für mich.«

»Verstehe! Ich werde ihr sagen, dass du einen Kurzurlaub machst!«

»Danke!«

»Und was machst du heute?«

»Ich werde meine Mutter besuchen. Hab ich ihr versprochen!«

»Grüß sie von mir!«

»Ja, werde ich ausrichten!«
Wieder entsteht eine kurze Pause.
»Hat sich Alexandra bei dir gemeldet?«
Parker atmet geräuschvoll aus. »Nein, hat sie nicht!«
»Und wenn du sie noch mal anrufst?«
»Nee, sie hat gesehen, dass ich es versucht habe. Wenn sie nicht von sich aus zurückruft, wird sie wohl ihre Gründe dafür haben!«
Degen seufzt: »Du kannst Menschen halt immer nur vor die Stirn gucken!«
Parker verdreht die Augen – immer diese Kalendersprüche!
»Ja, Jo, ich weiß! Nur dass das auch nicht viel hilft. Aber ich werde schon damit klarkommen, keine Sorge. Immerhin bleibt mir noch Watson! Der ist treu – und sei's aus lauter Sturheit!«
Parker hört Degen am anderen Ende der Leitung laut lachen.
»Schön zu hören, dass du deinen Humor nicht gänzlich verloren hast! Ich muss jetzt Schluss machen, Dellnitz kommt gerade rein und scharrt schon nervös mit den Hufen. Du weißt schon: Pressekonferenz! Ach ja, bevor ich es vergesse: Wir müssen unseren angefangenen Abend noch fortsetzen! Ruf mich an, sobald du dich dazu in der Lage fühlst!«
»Auf jeden Fall!«

Eine halbe Stunde später stellt Parker seine Kaffeetasse in die Spülmaschine und schmeißt die Bananenschale in den Müll. Er wirft Watson einen erstaunten Blick zu, der wie die Statue einer altägyptischen Katzengottheit vor seinem leeren Fressnapf sitzt und klagend krächzt.
»Das ist jetzt nicht wahr!«, stöhnt Parker. »Ich habe dir erst vor fünf Minuten den Inhalt einer Zweihundert-Gramm-Dose Rinderschmaus serviert! Wo hast du die gebunkert? Nee, Katerchen, denk an deine Figur! Mehr gibt's nicht!«
Entschlossen dreht Parker sich um, geht in den Flur und zieht seine Sportschuhe an. Er hat sich noch vor dem Aufstehen entschieden, mal wieder zu laufen. Eine Entscheidung, die ihn beflügelt, die seine Stimmung aufhellt. Beim Laufen gelingt es ihm am besten, seine Gedanken zu ordnen. Und es gibt ihm

ein Gefühl von Freiheit, dass er immer dann hat, wenn er, ohne bewusst seine Schritte zu lenken, den Rhein entlangläuft.

Wieder nimmt er die Strecke, die er schon gestern genommen hat. Und wieder überquert er die breite Verkehrsstraße zum Rheinufer hin, nur dass er diesmal die andere Richtung einschlägt.

Ein milder Wind schlägt ihm entgegen, ungewöhnlich warm für diese Jahreszeit, und der ihm so vertraute, immer leicht modrige Geruch vom Fluss zieht ihm in die Nase. Vom einen auf den anderen Moment überkommt ihn ein Gefühl unendlicher Dankbarkeit. Und das ganz und gar unvorbereitet, sodass ihm Tränen in die Augen steigen.

Verdammt, du lebst! Du kannst das alles hier um dich herum spüren, schmecken, riechen und sehen! Du bist innerhalb weniger Tage dem Tod gleich dreimal haarscharf entkommen. Es hätte dich in Siegburg, in Siegen und in Deutz treffen können.

Du hattest Glück, verdammtes Glück! Sei dankbar! – Natürlich bleiben Fragen.

Katharina! Hätte sie Timo im entscheidenden Moment zurückgepfiffen oder nicht? Thannhäuser! Was hat ihn angetrieben? Musste er immer wieder morden, weil eine junge Frau in den zwanziger Jahren von einem Schausteller namens Borger vergewaltigt wurde?

Parker wischt sich mit der Hand übers Gesicht und erwidert das offene Lächeln, das ihm eine junge Frau zuwirft, die auf einem Rennrad an ihm vorbeifährt.

Alex! Parker spürt, dass sich die Frage nach dem Warum allmählich verflüchtigt. Und dabei bleibt noch nicht mal ein schaler Nachgeschmack. Alexandra hat ihm gezeigt, dass er bereit ist, wieder jemanden an sich heranzulassen. Nach der Trennung von Paula, dem schmerzhaften Danach und vor allem nach der langen Zeit der emotionalen Versteckspielerei reicht seine Phantasie nun endlich wieder aus, um sich eine Beziehung vorzustellen. Der Gedanke daran lässt Parker schmunzeln und ihn gleichzeitig über seine plötzlich aufkommende Leichtigkeit wundern.

DREIUNDZWANZIG

Das Laufen hat ihm gutgetan. Sein Kopf ist frei, die schweren Wolken sind verschwunden. Und die anschließende kalte Dusche hat seine Lebensgeister geweckt.

Parker setzt den MX5 rückwärts in die Parkbucht, schließt das Verdeck und schaltet den Motor aus. Er nimmt den Frühlingsstrauß vom Beifahrersitz und klettert aus dem Wagen. Rasch geht er die leichte Schräge hoch, die zur Seniorenresidenz führt, wickelt dabei die Blumen aus dem Papier und entsorgt es im Vorübergehen in einem Abfalleimer, der direkt neben dem Eingang steht. Ebenfalls neben dem Eingang sitzen zwei ältere Herren auf einer Bank, der eine mit einem Strohhut auf dem Kopf, der andere mit einer Zigarette in der Hand.

»Gott zum Gruße«, ruft der Herr mit der Zigarette Parker zu, während der andere grinsend seinen Hut lüftet.

Parker antwortet den beiden Männern mit einem freundlichen Nicken und betritt das Gebäude. Er trägt das Hemd, das seine Mutter ihm zum Geburtstag geschenkt hat, weil er weiß, dass er ihr damit eine Freude bereitet.

Kaum dass Parker die Mitte der Eingangshalle erreicht hat, hört er hinter sich, dass jemand seinen Namen ruft: »Hallo, Lou!«

Parker hält inne, dreht sich um und sieht den kleinen, schmächtigen Mann, der in einem etwas zu großen grauen Anzug steckt, auf sich zukommen. Die schneeweißen, aber noch vollen Haare hat er streng nach hinten gekämmt. Leutselig blickt der alte Mann mit seinen wasserblauen Augen zu Parker auf. Der Detektiv stutzt für einen kurzen Moment. Dass eine so kräftige Stimme in einer so zerbrechlich wirkenden Person steckt, verwirrt ihn. Es ist ihm bei seiner ersten Begegnung gar nicht aufgefallen. Heinz scheint seine Verwunderung zu bemerken.

»Ganz schönes Organ, was! Ja, wenn ich will, kann ich noch ganz nett energisch sein.« Er feixt und lockert dabei den Knoten seiner rot-blau gestreiften Krawatte. »Und das in meinem Alter!«

Er lacht laut auf und schlägt Parker mit der flachen Hand leicht auf den Arm.

»Dabei hatte ich früher ein glockenhelles Stimmchen, noch bis ich achtzehn war. Doch dann kam der Krieg, und ich musste an die Front«, seine Stimme ist plötzlich ernst und das Lachen aus seinem Gesicht verschwunden, »das Schreien, mein ...«

Er bricht ab und starrt mit leerem Blick an Parker vorbei.

»Ähm, ich wollte meine Mutter besuchen, ich muss jetzt ...«

»Ja, natürlich.« Die Miene des alten Mannes hellt sich wieder auf. »Emma, also deine Frau Mama, ist noch beim Singen«, erklärt er, wobei er Parker kumpelhaft zuzwinkert. »Sie hat mich gebeten, mich um dich zu kümmern.«

»Tja, also eigentlich brauche ich keine Betreuung«, erwidert Parker und spürt, wie sein Unbehagen wächst. »Ich hab kein Problem damit, mich in die Cafeteria zu setzen, um dort auf sie zu warten. Sie, ähm ... du musst dir meinetwegen also keinerlei Umstände machen. Ich komm schon zurecht!«

Er bemerkt, dass Heinz etwas entgegnen will, sich aber zurückhält. Dann rückt er doch damit heraus. »Nun ja«, beginnt er zögerlich, »ich hab ein bisschen geflunkert! Deine Frau Mama hat mir heute beim Frühstück erzählt, dass du zu Besuch kommen wolltest. Ja, und da habe ich mir gedacht, also ich habe gehofft, dass wir, du und ich, uns mal unterhalten könnten. So von Mann zu Mann. Du verstehst schon ...!«

»Nein, ich fürchte, ich verstehe nicht.«

Parker kann die Entrüstung nicht aus seinem Tonfall verbannen.

»Nun ja, Lou«, druckst Heinz weiter herum, »ich mag deine Mutter. Ich mag sie sogar sehr! Du bist ihr Sohn, und ich möchte, dass du weißt, dass ich es ehrlich meine.«

Parker ist hin- und hergerissen. Er kann sich nicht entscheiden, ob er das, was Heinz da von sich gibt, nun peinlich oder anrührend finden soll. Er wendet seinen Blick von ihm ab und schaut sich um. Was er mit Bestimmtheit sagen kann, ist, dass er den Ort für diese Art von Unterredung für absolut unpassend hält.

Und schon wieder scheint Heinz Parkers Gedanken lesen

zu können, denn er sagt: »Aber lass uns das bitte woanders besprechen! Hier hören zu viele Ohren mit. Wie wäre es, wenn wir unser Gespräch bei einer Tasse Tee in meinem Appartement weiterführen?« Er blickt Parker unterwürfig an. »Bitte, es würde mir sehr viel bedeuten!«

Es entsteht eine kurze Pause, in der sich Parker mit der freien Hand an der Schläfe kratzt. Er schaut dem alten Mann ins Gesicht, es ist ein wenig gerötet, und nickt dann.

»Aber nur auf eine Tasse! Ich bin wegen meiner Mutter hier ...«

Der alte Mann hebt beschwichtigend die Hände. »Eine Tasse, versprochen!«, beeilt er sich zu antworten. »Länger wird es auf keinen Fall dauern. Ich will doch der Frau Mama nicht ihren Sohn wegnehmen.«

Kaum dass er den Satz beendet hat, geht er auch schon mit strammen Schritten an Parker vorbei.

»Folge mir unauffällig!«, flüstert er ihm zu und grinst dabei verschwörerisch. »Ich wohne ebenerdig. Das ist praktisch – keine Treppenstufen, wo man auf arthrosegeplagte Silbergraue stößt. Und kein Aufzug, in dem man sich wie eine Ölsardine fühlt. Komm, wir müssen nur durch die Halle und dann links den Gang hoch.«

Ein weiteres Mal gelingt es Heinz, Parker zu verblüffen. Wo andere in diesem Alter ohne Rollator keine zehn Meter ohne Pause schaffen, macht er den Eindruck, als könne er noch einen Marathon laufen. Parker beeilt sich dranzubleiben.

»Hut ab! Du bist ja noch ganz schön gut zu Fuß.«

Heinz bleibt kurz stehen und verbeugt sich lächelnd.

»Danke, der Herr! Man tut, was man kann«, antwortet er und geht dann in der gleichen Geschwindigkeit weiter.

»Weißt du«, sagt er, »ich hatte auch einen Sohn! Er war wie du Polizist.«

»Ich bin kein Polizist mehr«, widerspricht Parker und bereut es bereits, sich auf die Einladung eingelassen zu haben.

»Robert ist tot«, sagt der alte Mann unvermittelt und ohne das Tempo seiner Schritte zu verlangsamen. »Er hat dich gekannt,

Lou! Und er hat dich für deinen Mut und deine Gradlinigkeit bewundert. Vor allem die Sache in Siegen hat ihn sehr beeindruckt. Wie du die gefährliche Situation dort gemeistert hast – alle Achtung! Nur gut, dass deine Frau Mama davon nichts mitbekommen hat. Also, ich habe geschwiegen. Sie hätte ja noch im Nachhinein Todesängste ausgestanden.«

Parker bleibt wie angewurzelt stehen. Er glaubt, seinen Ohren nicht zu trauen.

»Was sagst du da?«, ruft er dem alten Mann hinterher. Doch statt eine Antwort zu geben oder sich wenigstens umzudrehen, fordert der Alte ihn mit einer Handbewegung auf, ihm weiter zu folgen.

Parker ringt mit seiner Fassung. Er hat das Gefühl, als würde sich der Boden unter ihm auftun. Ungläubig guckt er Heinz hinterher, der jetzt links den Gang nimmt und aus Parkers Blickfeld verschwindet. Der Detektiv spurtet ihm hinterher, muss dann aber heftig abbremsen, will er den Alten, der seinerseits stehen geblieben ist, nicht über den Haufen rennen. »Ver…!« Parker unterdrückt den Fluch, denn der alte Mann zeigt mit dem Finger stumm auf das Namensschild an der Tür. *Heinz Thannhäuser.*

»Hier wohne ich«, sagt er, zieht einen einzelnen Schlüssel aus der Hose, steckt ihn ins Schloss und schließt auf. Er schaut zu Parker hoch.

»Du entscheidest, Lou«, sagt er, und seine Stimme klingt jetzt nicht mehr so stark wie eben noch in der Eingangshalle, sondern eher brüchig. Brüchig und müde.

»Du kannst dich umdrehen und die Polizei rufen«, fährt er fort, »aber dann werden alle deine Fragen unbeantwortet bleiben.«

Er macht eine Pause und fixiert Parker mit seinen wasserblauen Augen.

»Oder du nimmst mein Angebot an, mit mir eine Tasse Tee zu trinken, und gehst jetzt durch diese Tür!« Thannhäuser verbeugt sich und lädt ihn mit einer Handbewegung ein, einzutreten.

Für einen Augenblick zögert Parker. Dann nickt er und geht hinein. Er steht in einem kleinen Flur, hört, wie hinter ihm die Tür geschlossen wird, und begibt sich in das angrenzende Zimmer.

Das schmale Bett ist akkurat gemacht, das weiße Laken über einer schlichten beigen Wolldecke umgeschlagen. Es gibt nichts Ungewöhnliches in diesem beinah schon klösterlich möblierten Raum zu sehen. Keine Bilder, keine Fotos. Keine Bücher. Selbst der Fernseher fehlt. Bis auf ein kleines altes Transistorradio, das auf dem Nachttisch steht, kann Parker nichts entdecken, was irgendwie nach Unterhaltung aussieht.

Durch das breite Fenster auf der gegenüberliegenden Seite fällt helles Sonnenlicht herein, was den ansonsten kühlen Wohnbereich wärmer macht. Gleich neben dem Fenster stehen ein großer, in die Jahre gekommener Ohrensessel und ein leicht angestoßener Chippendale-Tisch. Thannhäuser schiebt sich sachte an Parker vorbei.

»Entschuldige«, sagt er und deutet auf eine Schiebetür, »ich verschwinde mal eben in meiner luxuriösen Küche«, er lacht geziert, »und setze den Tee auf. Nimm doch in der Zwischenzeit Platz. Ich bin sofort wieder bei dir.«

Parker setzt sich und hört den Alten in seiner Küche mit dem Geschirr hantieren.

»Ist alles ein wenig spartanisch bei mir, nicht wahr? Aber ich komme ganz gut ohne den ganzen Krimskrams aus. Diesen Tinnef habe ich noch nie gebraucht. Zu viel Besitz macht unfrei!«

Thannhäuser steckt den Kopf durch den Türrahmen.

»Magst du Milch in deinem Tee?«

»Ähm, nein! Zucker reicht!«

Der alte Mann grinst und nickt Parker zu.

»Die Engländer trinken ihren Tee ja mit Milch. Ich nehme ihn auch lieber ohne.«

Der Kopf verschwindet wieder. Parker ist fassungslos. Grotesk! Was für eine Inszenierung! Und welche Rolle in diesem absurden Theater ist ihm zugedacht? Er spürt, wie sich seine Anspannung schlagartig erhöht. Sein Puls rast, und seine innere Stimme drängt ihn, sofort aufzustehen und das Appartement zu verlassen. Sollen sich Ärzte oder seinetwegen auch die Polizei um den Alten kümmern. In Gedanken liegt seine Hand bereits auf der Türklinke, als er Thannhäuser mit einem Tablett, auf dem zwei volle Tassen, eine Zuckerdose und eine Schale Schokoladenplätzchen stehen, balancierend auf sich zukommen sieht. Parker schnellt aus seinem Sessel hoch, um dem Alten das Tablett abzunehmen. »Herzlichen Dank«, sagt Thannhäuser etwas kurzatmig.

Parker bemerkt, dass der alte Mann am ganzen Körper leicht zittert.

»Sei so nett und stell alles auf den Tisch. Und schieb ihn ein bisschen nach vorn. Ich setze mich hier aufs Bett.«

Parker lässt Thannhäuser, der ihm jetzt gegenübersitzt, nicht aus den Augen.

»Deine Frau Mama ist ein wunderbarer Mensch!«

Der Alte nimmt seine Tasse langsam hoch, spitzt die Lippen und pustet vorsichtig hinein, bevor er daraus trinkt. Parker greift ebenfalls nach seinem Tee. Er wartet ab. Und es dauert eine Weile, bis Thannhäuser weiterspricht:

»Dass Robert tot ist, habe ich in der Zeitung gelesen. Aber ich war vorbereitet. Er hat seinen Tod schon vor Wochen angekündigt. Hat gesagt, dass er sich, wenn es vorbei ist, mit seiner Dienstwaffe erschießen würde.«

Parker merkt, wie er wütend wird. Wütend auf einen Mann, den der Tod des eigenen Sohnes scheinbar völlig unberührt lässt. Es schnürt ihm fast die Kehle zu.

»Warum?«, fährt er Thannhäuser scharf an, und ohne es zu wollen, wechselt er vom Du zum Sie. »Warum haben Sie es nicht verhindert?«

Parkers Stimme ist kratzig, sein Hals ist rau, und das Sprechen fällt ihm ungewohnt schwer. Vorsichtig nimmt er einen Schluck aus seiner Tasse, der Tee ist etwas abgekühlt, und Parker stürzt ihn in einem Zug hinunter. Thannhäuser zuckt mit den Achseln.

»Wie hätte ich das tun sollen? Ich bin ein alter Mann. Mir fehlte die Kraft, ihn aufzuhalten!«

»Sie hätten die Polizei informieren können. Hätten Sie es getan, würde ihr Sohn heute noch leben! Verdammt, ich habe vor ihm gestanden, als er sich die Pistole an die Schläfe gehalten hat. Ich habe gesehen, wie die Kugel seinen Schädel auseinandergerissen hat!«

Thannhäuser weicht dem Blick Parkers aus, senkt den Kopf und schaut auf seine Hände, die er gefaltet in den Schoß legt.

»Durch diese Hände starben sechs Menschen. Meine Mutter war eine gute Lehrmeisterin, sie hat mir gezeigt, wie man es macht!«

Er blickt wieder auf. Blickt Parker ins Gesicht.

»Ich habe den Mord an dem jungen Borger verübt. Kürzlich, diesen da in Deutz. Habe Robert gezeigt, wie man das Messer benutzt.«

Für einen Augenblick ist es ganz still in dem kleinen Zimmer. Thannhäuser greift ein weiteres Mal nach seinem Tee und schaut den Detektiv über den Rand der Tasse an.

»Hat Robert noch etwas gesagt, bevor ...?«

Stumm schüttelt Parker den Kopf. Und auf einmal scheint der alte Mann in eine andere Welt abzugleiten. Der Blick dem Hier und Jetzt entrückt, bewegt er seine Lippen und singt leise:

»*Ein Männlein steht im Walde, ganz still und stumm.*
Es hat von lauter Purpur ein Mäntlein um.
Sagt, wer mag das Männlein sein,
das da steht im Wald allein,
mit dem purpurroten Mäntelein.

Das Männlein steht im Walde auf einem Bein
und hat auf seinem Haupte schwarz Käpplein klein.
Sagt, wer mag das Männlein sein,
das da steht im Wald allein,
mit dem kleinen schwarzen Käppelein?«

Dann verstummt der alte Mann, und Parker spürt, wie sich ein Gefühl der Schwere in seinen Beinen ausbreitet. Es braucht eine Weile, bis er begreift, dass er sie nicht mehr bewegen kann.

»Meine Mutter hat mir das Lied immer dann vorgesungen, wenn ich traurig war. Sie nannte mich Männlein. Ich war ihr Männlein. Und das blieb ich bis zu ihrem Tode.«

Über Thannhäusers Gesicht huscht ein Lächeln.
»Ich schätze, sie wollte verhindern, dass ich ein Mann werde!«
Parker kann seine Arme nicht mehr anheben. Seine Zunge klebt am Gaumen. Er will was sagen! Will schreien! Zwecklos!
»Robert konnte keine Kinder zeugen. Das war sein Grund, mit der Tradition zu brechen. Ich war damit nicht einverstanden. Es verstieß gegen das Ritual! Mutter wurde am ersten Mai 1921 von einem Schausteller namens Oskar Borger vergewaltigt. Es war ein Sonntag. Und ich wurde am achtzehnten Februar 1922 geboren. An einem Samstag.«

Parker versteht jedes Wort, und er sieht, wie Thannhäuser sein Gesicht in beide Hände legt, wobei ihm zwei Haarsträhnen verrutschen. Ein leises Wimmern ist zu hören. Nur kann Parker nichts antworten. Ist nicht imstande, sich zu rühren. Der Tee! Verdammt, ich bin ein Idiot! Wie ein Anfänger bin ich dem Alten in die Falle gegangen. Ich werde hier in diesem Zimmer, auf diesem Sessel, elendig verrecken.

Der alte Mann holt tief Luft und richtet sich wieder auf.
»Mutter wollte meinem Erzeuger noch eine Möglichkeit geben, seine schreckliche Tat zu sühnen. Sie hatte gehofft, dass er, wenn sie ihn aufsucht, sein Verbrechen vor seiner Familie gesteht. Dass sie und das Kind in der Borger-Familie aufgenommen werden. Man kann sich heute kaum vorstellen, was es zu dieser Zeit bedeutet hat, ein uneheliches Kind zu gebären. Doch Mutter wurde mit Schimpf und Schande vom Hof gejagt.«

Wieder entsteht eine Pause, in der er sich mit beiden Händen übers Gesicht fährt und die herabhängenden Haare nach hinten schiebt.

»Ich habe den ersten Mord mit sechzehn Jahren begangen. An Oskar Borger. Es war ganz leicht, und ich habe es gewollt! Ich hab ihm dabei in die Augen gesehen. Wie sie förmlich aus ihren Höhlen quollen. Und sein Gesichtsausdruck sagte mir, dass er ahnte, wer da vor ihm steht, wer sein Mörder ist. Sein Sohn! Ja, ich habe es genossen, diesem starken großen Mann beim Sterben zuzugucken. Es war der erste Mai 1938. Ein Sonntag.«

Thannhäuser zieht ein Taschentuch aus seiner Hose und schnäuzt sich die Nase. Dann spricht er weiter, jedoch ohne

Parker dabei anzusehen. »Ich hatte den Vorteil, dass ich eher klein und schmächtig war, lange dunkle Locken hatte, und, wie meine Mutter immer sagte, wie ein Engelchen aussah. Niemand hatte diesem zarten Jüngling einen solchen Kraftakt zugetraut. So konnte ich mich problemlos meinen Opfern nähern, ohne dass sie Verdacht geschöpft haben. Und wenn ich dann mein Messer zog, war es zu spät. Meinen zweiten Mord beging ich an einem Samstag. Am achtzehnten Februar 1939. An meinem siebzehnten Geburtstag! Man hatte später an diesem Abend irgendeinen Strauchdieb festgenommen. Dieser Dummkopf hatte sich an dem Leichnam zu schaffen gemacht, wollte seine Habseligkeiten stehlen. Er ist ganz schnell zum Tode verurteilt worden. Fallbeil! Dann kam der Krieg, und man schickte das Bastardkind im Frühjahr 1940 an die Front. Da war ich gerade achtzehn.«

Der alte Mann schickt sich an aufzustehen.

»Verzeih mir«, sagt er mit einem entschuldigenden Lächeln, »ich muss mal auf die Toilette. Der Tee!«

Parker sieht, wie sich Thannhäuser erhebt, kann ihm jedoch mit seinem Blick nicht folgen. Er hört die Schritte, wie sie sich entfernen. Hört das Öffnen und Schließen der Tür. Dann ist es still.

Er ist allein. Er hört sein Schlucken. Seinen Herzschlag. Alles funktioniert. Nur bewegen kann er sich nicht. Aber was heißt hier »nur«? Er hat das Gefühl, eine eiskalte Hand würde nach seinem Herzen greifen, mit der Absicht, es zu packen und zu zerquetschen.

Parker bäumt sich innerlich auf. Er weiß, dass er gerade gegen eine aufkommende Panikattacke kämpft. Wann kommt er endlich wieder? Auch wenn er dem Alten die Pest an den Hals wünscht – allein sterben will er nicht.

Dann, nach einer endlos langen Weile, vernimmt Parker das Rauschen der Wasserspülung, und wenige Augenblicke später sitzt ihm Thannhäuser wieder gegenüber. Er streckt eine knochige, langgliedrige Hand nach Parker aus und legt sie ihm auf das Knie.

»Du kannst sie nicht spüren«, sagt er kleinlaut, fast schuldbewusst, »aber du musst dir deswegen keine Sorgen machen. Die geschmacksneutrale Substanz, die in deinem Tee war, lähmt nur deine Muskulatur. Du bekommst alles mit – kannst mich sehen, mich hören und verstehen. Nur bewegen kannst du dich nicht, tja, und sprechen auch nicht. Aber das brauche ich dir eigentlich nicht zu erzählen, das hast du ja schon selbst bemerkt. Es ist übrigens das Gift des Kugelfischs. Habe ich noch von meiner Mutter. Mutter kannte sich aus mit Arzneien und Giften. Sie war Krankenschwester.«

Jetzt lächelt er wieder, zieht die Hand zurück und fährt im Plauderton fort: »In der Regel lässt die Wirkung bei dieser Dosierung, die du intus hast, nach circa zwei Stunden nach. Du behältst nichts zurück, mal abgesehen von den Kopfschmerzen, die du höchstwahrscheinlich haben wirst. Du wirst dich fühlen wie nach einer durchzechten Nacht. Aber das kennst du sicher, das geht vorüber! Ich hingegen werde gleich einschlafen und nicht wieder aufwachen. Zumindest nicht mehr in dieser Welt. Daher muss ich mich beeilen, meine Lebenszeit verrinnt.« Er räuspert sich und holt tief Luft. »Und ich muss dir doch noch einiges erzählen, um reinen Tisch zu machen. Ich muss mein Gewissen erleichtern, endlich bekennen, was mich all die Jahre so beschwert hat. Glaub mir, es ist nicht leicht, mit niemandem darüber reden zu können. Vielleicht verstehst du mich dann etwas besser – und auch Robert. Er konnte nicht anders, dieser Fluch lag auch auf ihm, ließ ihn nicht los. Dabei hat er sich dagegengestemmt. Ist sogar Polizist geworden, dachte, so könnte er der dunklen Seite in ihm entkommen. Es gab aber kein Entkommen, Lou! Nicht für ihn und nicht für mich.« Er lächelt milde.

»Aber der Reihe nach: Anfang Mai 1945 geriet ich in sowjetische Gefangenschaft. Das war wirklich eine harte Zeit. Fünf Jahre später wurde ich endlich aus der Kriegsgefangenschaft freigelassen und bin nach Köln zurückgekehrt.«

Erneut macht der alte Mann eine Pause. Das Gift in seinem Körper scheint bereits Wirkung zu zeigen, denn das Sprechen fällt ihm offensichtlich schwer.

Thannhäuser bedeckt seine Augen und spricht weiter: »Am ersten Mai 1955 und am achtzehnten Februar 1956 habe ich wieder getötet. 1960, nach meiner bis dato letzten Tat, gab ich Mutter den ›Gnadenbringer‹ zurück. Ein kleines Mädchen hatte mich beim Morden beobachtet, ich hatte es nicht bemerkt. Ich hörte seinen Schrei, blickte auf und sah in sein entsetztes Gesicht. Ich war geschockt. Wie von Sinnen stürzte ich an dem Mädchen vorbei und lief davon. Und ich habe mir geschworen, nie wieder zu töten. Glaub mir, Lou, nie wieder werde ich diesen Ausdruck in den Augen des Kindes vergessen. Ich fühlte mich in diesem Moment wie ein Monstrum. Ich *war* ein Monstrum. Ich sagte Mutter, dass ich vor der Polizei fliehen müsse, doch in Wahrheit floh ich vor ihr. Ich musste fort von ihr, fort aus Köln. Hier und in Mutters Nähe konnte ich den Fluch nicht loswerden. Ich bin ziellos durch Deutschland getrampt. Habe mich mit Gelegenheitsjobs über Wasser gehalten – gearbeitet habe ich immer. Ich habe das Schneiderhandwerk gelernt, noch vor dem Krieg. Mutter hatte mir damals die Lehrstelle besorgt. Einer ihrer Patienten im Krankenhaus war ein alter Schneidermeister. Theodor Fuß hieß der. Ein langer dürrer Kerl mit Ziegenbart und Monokel. Bei dem bin ich in die Lehre gegangen. Ein gutmütiger Mensch, mit sehr viel Geduld gesegnet. Da war ich dreizehn. Noch ein Kind. Doch der Meister wusste mit mir umzugehen. Ich hab viel von ihm gelernt. Das war eine schöne Zeit. Aber dann kamen die Morde. Und der Krieg.«

Thannhäuser stöhnt auf, und Parker erkennt, dass sein Gesicht fleckig gerötet ist. Er schluckt zwei-, dreimal krampfartig, bevor er fortfährt: »Schließlich bin ich in Erfurt hängen geblieben. Ich habe meine spätere Frau Carla in einer Näherei kennengelernt. Es hat sofort zwischen uns gefunkt, wie man das heute sagt. Wir haben ziemlich schnell geheiratet.« Der alte Mann bekommt einen roten Kopf und heftet den Blick auf den Boden. Es vergeht eine Weile, bis er weiterspricht.

»Nein, es war Liebe. Eine romantische Liebe, trotz der schweren Zeiten. Kein Muss! Robert kam erst gut ein Jahr darauf zur Welt. Carla ... sie starb bei seiner Geburt.«

Tränen laufen ihm über die Wangen, tropfen auf sein Jackett und auf sein Hemd, doch das scheint er gar nicht zu bemerken.

»Carla war herzensgut! Sie war das Beste, was mir je in meinem Leben widerfahren ist! Warum hat Gott sie mir genommen? Warum hat Gott meinem Sohn die Mutter genommen? Durfte Gott mich so bestrafen? Wenn ja, warum musste dann auch noch Robert für meine Taten büßen?«

Der Alte hat die letzten beiden Fragen mit erhobener Stimme gesprochen und sackt nun ein Stück in sich zusammen.

»Mein Fehler war es, dass ich Mutter von dem Tod meiner Frau in einem Brief berichtet habe. Sie kam zu uns nach Erfurt, und sie blieb. Ihr war es egal, ob sie freiwillig in einem Unrechtsstaat lebte, schließlich hatte man ihr in ihrem Leben so viel Unrecht angetan. Mutter kümmerte sich um Robert, während ich arbeiten ging. Sie hatte großen Einfluss auf Robert. Und mein Sohn hing an ihren Lippen, vergötterte sie geradezu. Ich sah das, Tag für Tag, hatte aber nicht die Kraft, mich gegenüber meiner Mutter durchzusetzen. Wähnte mich in Sicherheit, solange unser Land von Stacheldraht und Schießanlagen umschlossen war. Doch dann fiel die Mauer, und Mutter wollte in ihre alte Heimat zurück. Robert und Mutter beschlossen zehn Jahre nach dem Mauerfall, zurück nach Köln zu gehen. In der Hoffnung, großes Unheil verhindern zu können, ging ich mit ihnen. Kurz vor ihrem Tod übergab sie Robert das Stilett mit dem Auftrag, alle männlichen Nachkommen der Schaustellerfamilie Borger aufzuspüren und sie zu töten. Wir mussten es ihr versprechen. Sie fände sonst keine Ruhe – für Robert war sie eine Heilige, er hat das alles so geglaubt.« Thannhäuser seufzt tief.

»Oh, ich war so schwach. Mutter wurde einhundertzwei Jahre alt! Wahrscheinlich gehört die Tatsache, dass sie so alt wurde und ich ebenfalls gesundheitlich noch recht gut unterwegs bin, zu Gottes Plan. Oh ja, ein verflucht langes Leben hat er uns beschert! Ich konnte mich selbst über den Tod meiner Mutter hinaus nicht gegen sie durchsetzen. Ich bin für immer ihr Männlein geblieben. Und dann gab es da dieses Foto im ›Express‹. Es zeigte die Borgers vor ihrer neuen Kirmesattraktion, diesem Autoscooter. Darunter standen ihre Namen: Rene und Daniel Borger. Robert fand heraus, dass es sich dabei um die beiden letzten männlichen Nachkommen handelte. Mein Sohn hat mich bedrängt, ihn anzuleiten, so wie meine Mutter mich angeleitet hat. Aber nein, Robert trifft keine Schuld, ich bin es, der große Schuld auf sich geladen hat! *Ich* habe es ihm gezeigt.«

***

Parker liegt auf seinem Bett. Die Hände hinter dem Kopf verschränkt, hält er die Augen geschlossen. Wie prophezeit, brummt sein Schädel, und das trotz der Tablette, die sie ihm vor zwei Stunden im Krankenhaus verabreicht haben. Sie wollten ihn für eine Weile dabehalten, zur Beobachtung – er hat sich bedankt und ist dann nach Hause gefahren. Heinz Thannhäuser lebt nicht mehr. Der Arzt konnte nur noch den Tod des alten Mannes feststellen. Er ist vermutlich an einer Überdosis Schlaftabletten gestorben.

Parkers Mutter hatte sie beide gefunden, was wohl zum Plan des Alten gehört hatte. Er hatte ihr schon beim Frühstück angekündigt, dass er sich gerne mal mit Parker unterhalten wolle und sie ja nach dem Singen vorbeikommen könne. Daher hatte sie Parker auch nichts von der Chorprobe gesagt.

Parker hingegen hatte reichlich Mühe, seine völlig aufgelöste Mutter zu beruhigen. Wegen seiner eingeschränkten Sprachfähigkeit, aber auch weil er sie schonen wollte, hatte er ihr nur eine abgespeckte Schilderung der vergangenen Stunden zugemutet. Parker musste versprechen, sich bei ihr zu melden, sobald er sich besser fühlen würde. Er ist froh, dass sie dort, wo sie lebt, in guten Händen ist.

Mit Degen hat er eben auch noch kurz telefoniert, was ihm bewiesen hat, dass seine Zunge wieder ansatzweise zu gebrauchen ist. Sein Freund hat ihm Bettruhe verordnet. Ach, Jo! Parker dreht sich schmunzelnd zur Seite.

Jetzt eine gehörige Portion Schlaf und … sein Handy, neben seinem Bett, es vibriert geräuschvoll auf dem Holzfußboden.

Unwillig greift er danach, nimmt es hoch und drückt den Knopf. Ein Text erscheint auf dem Display:

Hi Lou, stehe hier in Mailand, Flughafen Malpensa.
Bin kurz vorm Einchecken. Mein Vater hatte einen Schlaganfall. Es war zum Glück nur ein leichter, es geht ihm jetzt schon wieder besser.
Komme in 2 Stunden in Köln/Bonn an – holst du mich ab?
Ich würde mich freuen – sehr sogar!
Kuss, Alex

Mathias Wünsche
DIE SÜDSTADTDETEKTIVE
Broschur, 144 Seiten
ISBN 978-3-95451-127-3

»*Ein unfassbares Abenteuer zwischen Gegenwart und Vergangenheit.*«   Känguru Stadtmagazin

»*Ein aufregender Köln-Krimi für junge Leser.*«   Köbazino

www.emons-verlag.de

Mathias Wünsche
KÖLNER SCHATTEN
Broschur, 224 Seiten
ISBN 978-3-95451-314-7

»*Der Köln-Krimi von Mathias Wünsche ist ein spannender Psychothriller mit Tiefgang. Er ist ein Psychogramm der Protagonisten. Dazu kommen eine brillante Sprache und reichlich Kölner Lokalkolorit.*« Westdeutsche Zeitung

www.emons-verlag.de